Mein Reisetagebuch

Einmal um die ganze Welt!

Diese Regionen will ich unbedingt noch bereisen:

Diese Regionen will ich unbedingt noch bereisen:

Hier war ich schon überall auf der Welt:

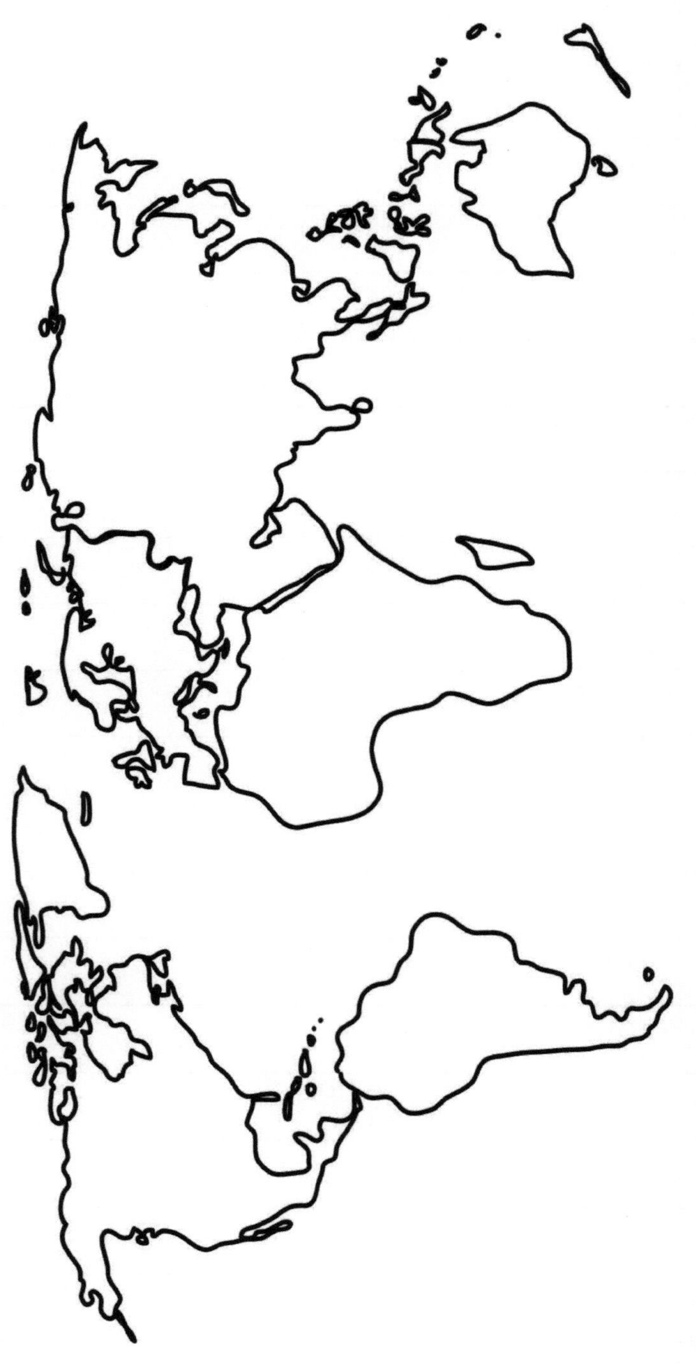

Hier war ich schon überall auf der Welt:

Die tollsten Reiseblogs:

www.travelntrain.de

www.geschichtenvonunterwegs.de

♥

www.travelita.ch

♥

www.swissnomads.ch

♥

www.reisezeilen.de

♥

www.goodmorningworld.de

♥

www.wetraveltheworld.de

♥

www.homeiswhereyourbagis.com

Meine Lieblings-Reiseblogs:

♥ ____

♥ ____

♥ ____

♥ ____

♥ ____

♥ ____

♥ ____

♥ ____

♥ ____

♥ ____

♥ ____

♥ ____

♥ ____

♥ ____

♥ ____

♥ ____

♥ ____

Reise-Bucket-List Asien und Ozeanien:

♥ Im toten Meer schweben

♥ Auf der Chinesischen Mauer spazieren

♥ Im Heissluftballon über Kappadokien schweben

♥ Einen Koalabär im Arm halten

♥ Mit der Transsibirischen Eisenbahn fahren

♥ Ein Bild mit den letzten Dinos der Welt machen (Komodowarane)

♥ In Thailand von einem Mönch tätowieren lassen

♥ Den Wasserfall Luang Prabang in Laos besuchen und darin schwimmen

♥ In einem schwimmenden Dorf in Kambodscha übernachten

♥ In Japan echtes Sushi geniessen

♥ In Russland Kaviar essen

♥ Den Taj Mahal in Indien besuchen

♥ Die Kirschblüte in Japan miterleben

♥ In einer Jurte übernachten

♥ Angkor Wat in Kambodscha besuchen

♥ Baumwipfelwandern in Tasmanien

♥ Halong Bay in Vietnam sehen und staunen

♥ Inselhopping auf den Philippinen erleben

♥ Ballett in St. Petersburg sehen

♥ Den Kimberley-Nationalpark in Australien bereisen und niemandem begegnen

Reise-Bucket-List Afrika:

♥ Den Kilimandscharo besteigen

♥ Sansibar besuchen und den Duft von Vanille geniessen

♥ Auf dem Burij Khalifa stehen

♥ Eine Reit-Safari machen

♥ Madagaskar bereisen, nur schon wegen der Hauptstadt und ihrem Namen Antananarivo

♥ Die Big-Five in freier Wildbahn sehen

♥ Berggorillas in Uganda/Ruanda besuchen und anschliessend für ihren Schutz spenden

♥ Durch ein Wadi wandern

♥ In Kapstadt südafrikanischen Wein trinken

♥ Die Pyramiden von Gizeh besuchen

♥ In einem Berberzelt übernachten

♥ Auf einem Kamel reiten

♥ Die Sterne in der Wüste beobachten

♥ Auf einem Markt handeln und das Geschäft deines Lebens machen

♥ Marokko und vor allem Marakkech besuchen und farbige Bilder schiessen

♥ Die Victoriafälle - einfach nur wow!

♥ Eine Einbaum-Tour machen

♥ Sandboarding oder Quadfahren in der Wüste probieren

♥ Den afrikanischen Lebensstil beobachten, verstehen und für einen Tag annehmen

Reise-Bucket-List Nord- und Südamerika:

♥ In Jamaica Gras rauchen

♥ Die Rockies überqueren

♥ Den Indian Summer in Kanada erleben

♥ Im Heli über den Grand Canyon fliegen

♥ Silvester in Las Vegas feiern

♥ In Mexico Tequila trinken

♥ Die Route 66 abfahren

♥ Alaska bereisen

♥ Die Calgary Stampede miterleben

♥ Die Osterinseln besuchen

♥ Am Broadway ein Musical besuchen

♥ In Brasilien den Corcovado und den Zuckerhut besteigen

♥ In Argentinien ein dickes Steak essen

♥ Machu Picchu sehen

♥ Karneval in Rio

♥ Schlittschuhlaufen im Central Park

♥ Mit dem Schiff auf dem Amazonas fahren und die rosa Delfine sehen

♥ Die Niagara-Fälle besuchen und die Grenze zwischen USA und Kanada hin und her gehen

♥ Mit Schweinen auf den Bahamas schwimmen

♥ Einen Mammut-Baum umarmen

Reise-Bucket-List Europa:

- ♥ In Rom Gelato essen

- ♥ Auf dem London-Eye bei Nacht mitfahren

- ♥ In einer heissen Quelle auf Island baden

- ♥ Stonehenge besuchen

- ♥ Die Lavendelblüte in der Provence erleben

- ♥ Ein Foto vor dem Matterhorn machen

- ♥ Brügge sehen ohne zu sterben

- ♥ Schloss Neuschwanstein besuchen und sich wie ein Märchenprinz / Märchen-prinzessin fühlen

- ♥ Die Tulpenblütezeit in Holland miterleben

- ♥ Eine griechische Insel mit dem Roller umrunden

- ♥ Auf Sylt in einem Strandkorb den Sonnenuntergang geniessen

- ♥ Den Naschmarkt in Wien besuchen und - naschen

- ♥ Shopping in Mailand

- ♥ Auf der Suche nach Harry Potter durch London und England reisen

- ♥ Baden im Caumasee (Graubünden, CH)

- ♥ Ein Midsommar-Fest in Nordeuropa feiern

- ♥ Ein noch bewohntes Schloss in England besichtigen

- ♥ Bärenjagd in Berlin: Fotos mit möglichst vielen Bären-Maskottchen macen und so die Stadt kennenlernen

- ♥ Den Jakobsweg gehen - zumindest ein Stück davon

Reise-Bucket-List Irgendwo:

♥ In der freien Wildbahn mit Delfinen schwimmen

♥ Auf dem Rücken liegend Polarlichter bestaunen

♥ Whale Watching

♥ Am Strand reiten

♥ Die Mitternachtssonne erleben

♥ Auf einem Boot übernachten

♥ Schnorcheln gehen

♥ Eine Schlittenhundefahrt machen

♥ Ohne Navi, nur mit Karte in einem fremden Land losziehen

♥ In jedem bereisten Land ein Nationalgericht probieren

♥ Auf der linken Strassenseite fahren (nur wo das erlaubt ist)

♥ Bei einer Weinlese mithelfen

♥ Insketen essen

♥ Zu Fuss durch dichten Dschungel wandern

♥ Alle 5 Kontinente bereisen

♥ Die grösste Bibliothek der Welt besuchen

♥ Eine Reise ins ewige Eis der Antarktis machen

♥ Den Mut haben, ganz alleine zu reisen

♥ Ein Land mit dem Fahrrad durchqueren

♥ Einen Roadtrip durch mindestens fünf Länder

Meine eigene Reise-Bucket-List:

♥ ________________________

♥ ________________________

♥ ________________________

♥ ________________________

♥ ________________________

♥ ________________________

♥ ________________________

♥ ________________________

♥ ________________________

♥ ________________________

♥ ________________________

♥ ________________________

♥ ________________________

♥ ________________________

♥ ________________________

♥ ________________________

♥ ________________________

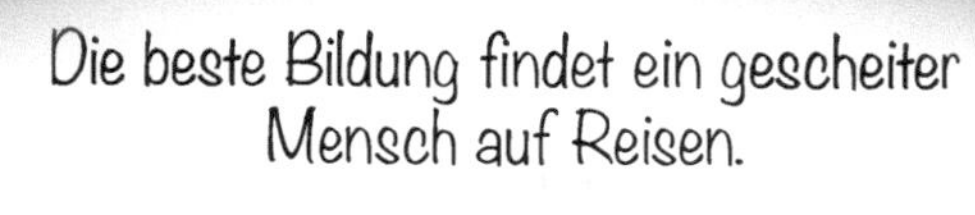

Die beste Bildung findet ein gescheiter
Mensch auf Reisen.

Johann Wolfgang von Goethe

Datum: _______________   Ort: _______________

Tagebuch:

____
____
____
____
____
____
____
____
____
____

Stimmung:

☐ ♥

☐ ♥ ♥

☐ ♥ ♥ ♥

☐ ♥ ♥ ♥ ♥

☐ ♥ ♥ ♥ ♥ ♥

Das hat mir am besten gefallen:

____
____
____
____
____

Das hat mir am wenigsten gut
gefallen:

____
____
____
____
____

Platz für Zeichnungen / Fotos:

Datum: _________________   Ort: _________________

Tagebuch:

____

____

____

____

____

____

____

____

____

____

Stimmung:

☐ ♥

☐ ♥ ♥

☐ ♥ ♥ ♥

☐ ♥ ♥ ♥ ♥

☐ ♥ ♥ ♥ ♥ ♥

Platz für Zeichnungen / Fotos:

Das hat mir am besten gefallen:

____

____

____

____

____

Das hat mir am wenigsten gut gefallen:

____

____

____

____

____

Datum: _______________________   Ort: _______________________

Tagebuch:

____
____
____
____
____
____
____
____
____
____
____

Stimmung:

☐ ♥

☐ ♥ ♥

☐ ♥ ♥ ♥

☐ ♥ ♥ ♥ ♥

☐ ♥ ♥ ♥ ♥ ♥

Das hat mir am besten gefallen:

____
____
____
____
____

Das hat mir am wenigsten gut gefallen:

____
____
____
____
____

Platz für Zeichnungen / Fotos:

Datum: _______________ Ort: _______________

Tagebuch:

____

Stimmung:

☐ ♥

☐ ♥ ♥

☐ ♥ ♥ ♥

☐ ♥ ♥ ♥ ♥

☐ ♥ ♥ ♥ ♥ ♥

Platz für Zeichnungen / Fotos:

Das hat mir am besten gefallen:

____

Das hat mir am wenigsten gut
gefallen:

____

Datum: _______________________   Ort: _______________________

Tagebuch:

____
____
____
____
____
____
____
____
____
____

Stimmung:

☐ ♥

☐ ♥ ♥

☐ ♥ ♥ ♥

☐ ♥ ♥ ♥ ♥

☐ ♥ ♥ ♥ ♥ ♥

Platz für Zeichnungen / Fotos:

Das hat mir am besten gefallen:

____
____
____
____
____

Das hat mir am wenigsten gut
gefallen:

____
____
____
____
____

Datum: _______________________   Ort: _______________________

Tagebuch:

____

____

____

____

____

____

____

____

____

Stimmung:

☐ ♥

☐ ♥ ♥

☐ ♥ ♥ ♥

☐ ♥ ♥ ♥ ♥

☐ ♥ ♥ ♥ ♥ ♥

Platz für Zeichnungen / Fotos:

Das hat mir am besten gefallen:

____

____

____

____

____

Das hat mir am wenigsten gut
gefallen:

____

____

____

____

____

Datum: ___________________   Ort: ___________________

Tagebuch:

____
____
____
____
____
____
____
____
____
____
____

Stimmung:

☐ ♥

☐ ♥ ♥

☐ ♥ ♥ ♥

☐ ♥ ♥ ♥ ♥

☐ ♥ ♥ ♥ ♥ ♥

Das hat mir am besten gefallen:

____
____
____
____
____
____

Das hat mir am wenigsten gut gefallen:

____
____
____
____
____

Platz für Zeichnungen / Fotos:

Datum: _______________   Ort: _______________

Tagebuch:

____
____
____
____
____
____
____
____
____

Stimmung:

☐ ♥
☐ ♥ ♥
☐ ♥ ♥ ♥
☐ ♥ ♥ ♥ ♥
☐ ♥ ♥ ♥ ♥ ♥

Platz für Zeichnungen / Fotos:

Das hat mir am besten gefallen:

____
____
____
____
____

Das hat mir am wenigsten gut gefallen:

____
____
____
____
____

Datum: _________________   Ort: _________________

Tagebuch:

____
____
____
____
____
____
____
____
____
____
____

Stimmung:

☐ ♥

☐ ♥ ♥

☐ ♥ ♥ ♥

☐ ♥ ♥ ♥ ♥

☐ ♥ ♥ ♥ ♥ ♥

Das hat mir am besten gefallen:

____
____
____
____
____

Das hat mir am wenigsten gut gefallen:

____
____
____
____

Platz für Zeichnungen / Fotos:

Datum: _________________   Ort: _________________

Tagebuch:

____
____
____
____
____
____
____
____
____
____

Stimmung:

☐ ♥
☐ ♥ ♥
☐ ♥ ♥ ♥
☐ ♥ ♥ ♥ ♥
☐ ♥ ♥ ♥ ♥ ♥

Das hat mir am besten gefallen:

____
____
____
____
____

Das hat mir am wenigsten gut gefallen:

____
____
____
____

Platz für Zeichnungen / Fotos:

Datum: ___________________   Ort: ___________________

Tagebuch:

____
____
____
____
____
____
____
____
____
____

Stimmung:

☐ ♥

☐ ♥ ♥

☐ ♥ ♥ ♥

☐ ♥ ♥ ♥ ♥

☐ ♥ ♥ ♥ ♥ ♥

Platz für Zeichnungen / Fotos:

Das hat mir am besten gefallen:

____
____
____
____
____

Das hat mir am wenigsten gut
gefallen:

____
____
____
____

Datum: ______________________   Ort: ______________________

Tagebuch:
____
____
____
____
____
____
____
____
____
____

Stimmung:

☐ ♥

☐ ♥ ♥

☐ ♥ ♥ ♥

☐ ♥ ♥ ♥ ♥

☐ ♥ ♥ ♥ ♥ ♥

Das hat mir am besten gefallen:
____
____
____
____
____

Das hat mir am wenigsten gut
gefallen:
____
____
____
____
____

Platz für Zeichnungen / Fotos:

Reisen veredelt den Geist und räumt mit unseren Vorurteilen auf.

Oscar Wilde

Datum: ___________________   Ort: _________________

Tagebuch:

____
____
____
____
____
____
____
____
____
____

Stimmung:

☐ ♥

☐ ♥ ♥

☐ ♥ ♥ ♥

☐ ♥ ♥ ♥ ♥

☐ ♥ ♥ ♥ ♥ ♥

Platz für Zeichnungen / Fotos:

Das hat mir am besten gefallen:

____
____
____
____
____

Das hat mir am wenigsten gut gefallen:

____
____
____
____
____

Datum: _______________   Ort: _______________

Tagebuch:

____
____
____
____
____
____
____
____
____
____

Stimmung:

☐ ♥
☐ ♥ ♥
☐ ♥ ♥ ♥
☐ ♥ ♥ ♥ ♥
☐ ♥ ♥ ♥ ♥ ♥

Das hat mir am besten gefallen:

____
____
____
____
____

Das hat mir am wenigsten gut gefallen:

____
____
____
____

Platz für Zeichnungen / Fotos:

Datum: _____________________   Ort: _____________________

Tagebuch:

____
____
____
____
____
____
____
____
____
____
____

Stimmung:

☐ ♥

☐ ♥ ♥

☐ ♥ ♥ ♥

☐ ♥ ♥ ♥ ♥

☐ ♥ ♥ ♥ ♥ ♥

Das hat mir am besten gefallen:

____
____
____
____
____

Das hat mir am wenigsten gut
gefallen:

____
____
____
____
____

Platz für Zeichnungen / Fotos:

Datum: _______________________

Ort: _______________________

Tagebuch:

____
____
____
____
____
____
____
____
____
____

Stimmung:

☐ ♥

☐ ♥ ♥

☐ ♥ ♥ ♥

☐ ♥ ♥ ♥ ♥

☐ ♥ ♥ ♥ ♥ ♥

Das hat mir am besten gefallen:

____
____
____
____
____

Das hat mir am wenigsten gut gefallen:

____
____
____
____

Platz für Zeichnungen / Fotos:

Datum: _______________________   Ort: _______________________

Tagebuch:

____

____

____

____

____

____

____

____

____

____

____

Stimmung:

☐ ♥

☐ ♥ ♥

☐ ♥ ♥ ♥

☐ ♥ ♥ ♥ ♥

☐ ♥ ♥ ♥ ♥ ♥

Das hat mir am besten gefallen:

____

____

____

____

____

Das hat mir am wenigsten gut gefallen:

____

____

____

____

____

Platz für Zeichnungen / Fotos:

Datum: _______________   Ort: _______________

Tagebuch:

____
____
____
____
____
____
____
____
____
____

Das hat mir am besten gefallen:

____
____
____
____
____

Das hat mir am wenigsten gut
gefallen:

____
____
____

Stimmung:

☐ ♥

☐ ♥ ♥

☐ ♥ ♥ ♥

☐ ♥ ♥ ♥ ♥

☐ ♥ ♥ ♥ ♥ ♥

Platz für Zeichnungen / Fotos:

Datum: _______________________   Ort: _______________________

Tagebuch:

____
____
____
____
____
____
____
____
____
____
____

Das hat mir am besten gefallen:

____
____
____
____
____

Das hat mir am wenigsten gut
gefallen:

____
____
____
____

Stimmung:

☐ ♥

☐ ♥ ♥

☐ ♥ ♥ ♥

☐ ♥ ♥ ♥ ♥

☐ ♥ ♥ ♥ ♥ ♥

Platz für Zeichnungen / Fotos:

Datum: _______________   Ort: _______________

Tagebuch:

____
____
____
____
____
____
____
____
____

Stimmung:

☐ ♥

☐ ♥ ♥

☐ ♥ ♥ ♥

☐ ♥ ♥ ♥ ♥

☐ ♥ ♥ ♥ ♥ ♥

Das hat mir am besten gefallen:

____
____
____
____
____

Das hat mir am wenigsten gut gefallen:

____
____
____
____

Platz für Zeichnungen / Fotos:

Datum: _______________   Ort: _______________

Tagebuch:

____
____
____
____
____
____
____
____
____

Stimmung:

☐ ♥

☐ ♥ ♥

☐ ♥ ♥ ♥

☐ ♥ ♥ ♥ ♥

☐ ♥ ♥ ♥ ♥ ♥

Platz für Zeichnungen / Fotos:

Das hat mir am besten gefallen:

____
____
____
____
____

Das hat mir am wenigsten gut
gefallen:

____
____
____
____
____

Datum: _______________________

Ort: _______________________

Tagebuch:

____
____
____
____
____
____
____
____
____
____
____

Stimmung:

☐ ♥

☐ ♥ ♥

☐ ♥ ♥ ♥

☐ ♥ ♥ ♥ ♥

☐ ♥ ♥ ♥ ♥ ♥

Das hat mir am besten gefallen:

____
____
____
____
____

Das hat mir am wenigsten gut gefallen:

____
____
____
____
____

Platz für Zeichnungen / Fotos:

Datum: ___________________   Ort: ___________________

Tagebuch:

____
____
____
____
____
____
____
____
____
____

Das hat mir am besten gefallen:

____
____
____
____
____
____

Das hat mir am wenigsten gut
gefallen:

____
____
____
____
____

Stimmung:

☐ ♥

☐ ♥ ♥

☐ ♥ ♥ ♥

☐ ♥ ♥ ♥ ♥

☐ ♥ ♥ ♥ ♥ ♥

Platz für Zeichnungen / Fotos:

Datum: ________________   Ort: ________________

Tagebuch:

____
____
____
____
____
____
____
____
____

Stimmung:

☐ ♥
☐ ♥ ♥
☐ ♥ ♥ ♥
☐ ♥ ♥ ♥ ♥
☐ ♥ ♥ ♥ ♥ ♥

Das hat mir am besten gefallen:

____
____
____
____
____

Das hat mir am wenigsten gut gefallen:

____
____
____
____

Platz für Zeichnungen / Fotos:

Eine Reise ist ein Trunk aus
der Quelle des Lebens.

Christian Friedrich Hebbel

Datum: ___________________ Ort: ___________________

Tagebuch:

____
____
____
____
____
____
____
____
____
____

Stimmung:

☐ ♥

☐ ♥ ♥

☐ ♥ ♥ ♥

☐ ♥ ♥ ♥ ♥

☐ ♥ ♥ ♥ ♥ ♥

Platz für Zeichnungen / Fotos:

Das hat mir am besten gefallen:

____
____
____
____
____

Das hat mir am wenigsten gut gefallen:

____
____
____
____
____

Datum: ________________ Ort: ________________

Tagebuch:

____
____
____
____
____
____
____
____
____
____

Stimmung:

☐ ♥

☐ ♥ ♥

☐ ♥ ♥ ♥

☐ ♥ ♥ ♥ ♥

☐ ♥ ♥ ♥ ♥ ♥

Platz für Zeichnungen / Fotos:

Das hat mir am besten gefallen:

____
____
____
____
____

Das hat mir am wenigsten gut gefallen:

____
____
____
____
____

Datum: _________________   Ort: _________________

Tagebuch:

____

____

____

____

____

____

____

____

____

____

Stimmung:

☐ ♥

☐ ♥ ♥

☐ ♥ ♥ ♥

☐ ♥ ♥ ♥ ♥

☐ ♥ ♥ ♥ ♥ ♥

Das hat mir am besten gefallen:

____

____

____

____

____

Das hat mir am wenigsten gut gefallen:

____

____

____

____

Platz für Zeichnungen / Fotos:

Datum: _______________   Ort: _______________

Tagebuch:

____
____
____
____
____
____
____
____
____
____

Stimmung:

☐ ♥
☐ ♥ ♥
☐ ♥ ♥ ♥
☐ ♥ ♥ ♥ ♥
☐ ♥ ♥ ♥ ♥ ♥

Das hat mir am besten gefallen:

____
____
____
____
____

Das hat mir am wenigsten gut gefallen:

____
____
____
____

Platz für Zeichnungen / Fotos:

Datum: _________________   Ort: _________________

Tagebuch:

____
____
____
____
____
____
____
____
____
____
____

Das hat mir am besten gefallen:

____
____
____
____
____

Das hat mir am wenigsten gut
gefallen:

____
____
____
____
____

Stimmung:

☐ ♥

☐ ♥ ♥

☐ ♥ ♥ ♥

☐ ♥ ♥ ♥ ♥

☐ ♥ ♥ ♥ ♥ ♥

Platz für Zeichnungen / Fotos:

Datum: _______________________   Ort: _______________________

Tagebuch:
____

_________________________________   Stimmung:

_________________________________   ❑ ♥

_________________________________   ❑ ♥ ♥

_________________________________   ❑ ♥ ♥ ♥

_________________________________   ❑ ♥ ♥ ♥ ♥

_________________________________   ❑ ♥ ♥ ♥ ♥ ♥

____

____

_________________________________   Platz für Zeichnungen / Fotos:

____

Das hat mir am besten gefallen:
____

____

____

____

____

Das hat mir am wenigsten gut
gefallen:
____

____

____

____

Datum: _________________   Ort: _________________

Tagebuch:

____
____
____
____
____
____
____
____
____
____
____

Stimmung:

☐ ♥

☐ ♥ ♥

☐ ♥ ♥ ♥

☐ ♥ ♥ ♥ ♥

☐ ♥ ♥ ♥ ♥ ♥

Das hat mir am besten gefallen:

____
____
____
____
____

Das hat mir am wenigsten gut gefallen:

____
____
____
____

Platz für Zeichnungen / Fotos:

Datum: _________________________   Ort: _________________________

Tagebuch:

____

____

____

____

____

____

____

____

____

____

Stimmung:

☐ ♥

☐ ♥ ♥

☐ ♥ ♥ ♥

☐ ♥ ♥ ♥ ♥

☐ ♥ ♥ ♥ ♥ ♥

Platz für Zeichnungen / Fotos:

Das hat mir am besten gefallen:

____

____

____

____

____

Das hat mir am wenigsten gut gefallen:

____

____

____

____

Datum: _________________   Ort: _________________

Tagebuch:

____

Stimmung:

☐ ♥

☐ ♥ ♥

☐ ♥ ♥ ♥

☐ ♥ ♥ ♥ ♥

☐ ♥ ♥ ♥ ♥ ♥

Das hat mir am besten gefallen:

Platz für Zeichnungen / Fotos:

Das hat mir am wenigsten gut gefallen:

Datum: ___________________   Ort: ___________________

Tagebuch:

____
____
____
____
____
____
____
____
____
____

Stimmung:

☐ ♥
☐ ♥ ♥
☐ ♥ ♥ ♥
☐ ♥ ♥ ♥ ♥
☐ ♥ ♥ ♥ ♥ ♥

Das hat mir am besten gefallen:

____
____
____
____
____

Das hat mir am wenigsten gut gefallen:

____
____
____
____
____

Platz für Zeichnungen / Fotos:

Datum: _______________   Ort: _______________

Tagebuch:

____
____
____
____
____
____
____
____
____
____

Stimmung:

☐ ♥

☐ ♥ ♥

☐ ♥ ♥ ♥

☐ ♥ ♥ ♥ ♥

☐ ♥ ♥ ♥ ♥ ♥

Platz für Zeichnungen / Fotos:

Das hat mir am besten gefallen:

____
____
____
____
____

Das hat mir am wenigsten gut gefallen:

____
____
____
____
____

Datum: ________________   Ort: ________________

Tagebuch:

____
____
____
____
____
____
____
____
____
____

Stimmung:

☐ ♥
☐ ♥ ♥
☐ ♥ ♥ ♥
☐ ♥ ♥ ♥ ♥
☐ ♥ ♥ ♥ ♥ ♥

Platz für Zeichnungen / Fotos:

Das hat mir am besten gefallen:

____
____
____
____
____

Das hat mir am wenigsten gut gefallen:

____
____
____
____
____

Reisen ist besonders
schön, wenn man nicht
weiß, wohin es geht. Aber am
allerschönsten ist es, wenn man
nicht mehr weiß, woher man
kommt.

Laotse

Datum: _______________   Ort: _______________

Tagebuch:

____
____
____
____
____
____
____
____
____
____
____

Das hat mir am besten gefallen:

____
____
____
____
____

Das hat mir am wenigsten gut
gefallen:

____
____
____
____

Stimmung:

☐ ♥
☐ ♥ ♥
☐ ♥ ♥ ♥
☐ ♥ ♥ ♥ ♥
☐ ♥ ♥ ♥ ♥ ♥

Platz für Zeichnungen / Fotos:

Datum: _______________   Ort: _______________

Tagebuch:

____

____

____

____

____

____

____

____

____

Stimmung:

☐ ♥

☐ ♥ ♥

☐ ♥ ♥ ♥

☐ ♥ ♥ ♥ ♥

☐ ♥ ♥ ♥ ♥ ♥

Platz für Zeichnungen / Fotos:

Das hat mir am besten gefallen:

____

____

____

____

____

Das hat mir am wenigsten gut gefallen:

____

____

____

____

Datum: _______________________   Ort: _______________________

Tagebuch:

____
____
____
____
____
____
____
____
____
____
____

Das hat mir am besten gefallen:

____
____
____
____
____

Das hat mir am wenigsten gut
gefallen:

____
____
____
____
____

Stimmung:

☐ ♥
☐ ♥ ♥
☐ ♥ ♥ ♥
☐ ♥ ♥ ♥ ♥
☐ ♥ ♥ ♥ ♥ ♥

Platz für Zeichnungen / Fotos:

Datum: _________________________

Ort: _________________________

Tagebuch:

____
____
____
____
____
____
____
____
____
____
____

Stimmung:

☐ ♥

☐ ♥ ♥

☐ ♥ ♥ ♥

☐ ♥ ♥ ♥ ♥

☐ ♥ ♥ ♥ ♥ ♥

Das hat mir am besten gefallen:

____
____
____
____
____

Das hat mir am wenigsten gut gefallen:

____
____
____
____

Platz für Zeichnungen / Fotos:

Datum: _______________________   Ort: _______________________

Tagebuch:

____

____

____

____

____

____

____

____

____

Stimmung:

☐ ♥

☐ ♥ ♥

☐ ♥ ♥ ♥

☐ ♥ ♥ ♥ ♥

☐ ♥ ♥ ♥ ♥ ♥

Das hat mir am besten gefallen:

____

____

____

____

____

Das hat mir am wenigsten gut gefallen:

____

____

____

____

Platz für Zeichnungen / Fotos:

Datum: _______________   Ort: _______________

Tagebuch:

____

____

____

____

____

____

____

____

____

Stimmung:

☐ ♥

☐ ♥ ♥

☐ ♥ ♥ ♥

☐ ♥ ♥ ♥ ♥

☐ ♥ ♥ ♥ ♥ ♥

Das hat mir am besten gefallen:

____

____

____

____

____

Das hat mir am wenigsten gut gefallen:

____

____

____

____

Platz für Zeichnungen / Fotos:

Datum: _________________   Ort: _________________

Tagebuch:

____
____
____
____
____
____
____
____
____
____

Stimmung:

☐ ♥
☐ ♥ ♥
☐ ♥ ♥ ♥
☐ ♥ ♥ ♥ ♥
☐ ♥ ♥ ♥ ♥ ♥

Das hat mir am besten gefallen:

____
____
____
____
____

Das hat mir am wenigsten gut gefallen:

____
____
____
____

Platz für Zeichnungen / Fotos:

Datum: ______________________   Ort: ______________________

Tagebuch:

____

____

____

____

____

____

____

____

____

Stimmung:

☐ ♥

☐ ♥ ♥

☐ ♥ ♥ ♥

☐ ♥ ♥ ♥ ♥

☐ ♥ ♥ ♥ ♥ ♥

Platz für Zeichnungen / Fotos:

Das hat mir am besten gefallen:

____

____

____

____

____

Das hat mir am wenigsten gut
gefallen:

____

____

____

____

Datum: _________________   Ort: _________________

Tagebuch:

____
____
____
____
____
____
____
____
____
____
____

Das hat mir am besten gefallen:

____
____
____
____

Das hat mir am wenigsten gut
gefallen:

____
____
____
____

Stimmung:

☐ ♥

☐ ♥ ♥

☐ ♥ ♥ ♥

☐ ♥ ♥ ♥ ♥

☐ ♥ ♥ ♥ ♥ ♥

Platz für Zeichnungen / Fotos:

Datum: _________________________   Ort: _________________________

Tagebuch:

____

____

____

____

____

____

____

____

____

____

Das hat mir am besten gefallen:

____

____

____

____

____

Das hat mir am wenigsten gut
gefallen:

____

____

____

____

____

Stimmung:

☐ ♥

☐ ♥ ♥

☐ ♥ ♥ ♥

☐ ♥ ♥ ♥ ♥

☐ ♥ ♥ ♥ ♥ ♥

Platz für Zeichnungen / Fotos:

Datum: ___________________   Ort: ___________________

Tagebuch:

____
____
____
____
____
____
____
____
____
____
____

Stimmung:

☐ ♥
☐ ♥ ♥
☐ ♥ ♥ ♥
☐ ♥ ♥ ♥ ♥
☐ ♥ ♥ ♥ ♥ ♥

Das hat mir am besten gefallen:

____
____
____
____
____

Das hat mir am wenigsten gut gefallen:

____
____
____
____

Platz für Zeichnungen / Fotos:

Datum: _______________________ Ort: _______________________

Tagebuch:

____
____
____
____
____
____
____
____
____
____

Stimmung:

☐ ♥

☐ ♥ ♥

☐ ♥ ♥ ♥

☐ ♥ ♥ ♥ ♥

☐ ♥ ♥ ♥ ♥ ♥

Das hat mir am besten gefallen:

____
____
____
____
____

Das hat mir am wenigsten gut gefallen:

____
____
____
____
____

Platz für Zeichnungen / Fotos:

Nur Reisen ist Leben, wie umgekehrt
Leben Reisen ist.

Jean Paul

Datum: _______________   Ort: _______________

Tagebuch:

____

____

____

____

____

____

____

____

____

____

____

Stimmung:

☐ ♥

☐ ♥ ♥

☐ ♥ ♥ ♥

☐ ♥ ♥ ♥ ♥

☐ ♥ ♥ ♥ ♥ ♥

Das hat mir am besten gefallen:

____

____

____

____

____

Das hat mir am wenigsten gut
gefallen:

____

____

____

____

____

Platz für Zeichnungen / Fotos:

Datum: _______________   Ort: _______________

Tagebuch:

____

____

____

____

____

____

____

____

____

Stimmung:

☐ ♥

☐ ♥ ♥

☐ ♥ ♥ ♥

☐ ♥ ♥ ♥ ♥

☐ ♥ ♥ ♥ ♥ ♥

Platz für Zeichnungen / Fotos:

Das hat mir am besten gefallen:

____

____

____

____

____

Das hat mir am wenigsten gut gefallen:

____

____

____

____

Datum: _________________   Ort: _________________

Tagebuch:

____
____
____
____
____
____
____
____
____
____
____

Stimmung:

☐ ♥
☐ ♥ ♥
☐ ♥ ♥ ♥
☐ ♥ ♥ ♥ ♥
☐ ♥ ♥ ♥ ♥ ♥

Platz für Zeichnungen / Fotos:

Das hat mir am besten gefallen:

____
____
____
____
____

Das hat mir am wenigsten gut gefallen:

____
____
____
____

Datum: _______________   Ort: _______________

Tagebuch:

____
____
____
____
____
____
____
____
____
____

Stimmung:

☐ ♥
☐ ♥ ♥
☐ ♥ ♥ ♥
☐ ♥ ♥ ♥ ♥
☐ ♥ ♥ ♥ ♥ ♥

Das hat mir am besten gefallen:

____
____
____
____
____

Das hat mir am wenigsten gut gefallen:

____
____
____
____
____

Platz für Zeichnungen / Fotos:

Datum: _______________________   Ort: _______________________

Tagebuch:

____

____

____

____

____

____

____

____

____

____

Stimmung:

☐ ♥

☐ ♥ ♥

☐ ♥ ♥ ♥

☐ ♥ ♥ ♥ ♥

☐ ♥ ♥ ♥ ♥ ♥

Das hat mir am besten gefallen:

____

____

____

____

____

Das hat mir am wenigsten gut gefallen:

____

____

____

____

Platz für Zeichnungen / Fotos:

Datum: _______________   Ort: _______________

Tagebuch:

____

____

____

____

____

____

____

____

____

____

Stimmung:

☐ ♥

☐ ♥ ♥

☐ ♥ ♥ ♥

☐ ♥ ♥ ♥ ♥

☐ ♥ ♥ ♥ ♥ ♥

Das hat mir am besten gefallen:

____

____

____

____

____

Das hat mir am wenigsten gut
gefallen:

____

____

____

____

Platz für Zeichnungen / Fotos:

Datum: _______________   Ort: _______________

Tagebuch:

____
____
____
____
____
____
____
____
____
____
____

Stimmung:

☐ ♥
☐ ♥ ♥
☐ ♥ ♥ ♥
☐ ♥ ♥ ♥ ♥
☐ ♥ ♥ ♥ ♥ ♥

Platz für Zeichnungen / Fotos:

Das hat mir am besten gefallen:

____
____
____
____
____

Das hat mir am wenigsten gut gefallen:

____
____
____
____
____

Datum: _______________________   Ort: _______________________

Tagebuch:

____

____

____

____

____

____

____

____

Stimmung:

☐ ♥

☐ ♥ ♥

☐ ♥ ♥ ♥

☐ ♥ ♥ ♥ ♥

☐ ♥ ♥ ♥ ♥ ♥

Das hat mir am besten gefallen:

____

____

____

____

____

Das hat mir am wenigsten gut gefallen:

____

____

____

____

Platz für Zeichnungen / Fotos:

Datum: _______________________   Ort: _______________________

Tagebuch:

____

____

____

____

____

____

____

____

____

____

____

Das hat mir am besten gefallen:

____

____

____

____

____

____

Das hat mir am wenigsten gut
gefallen:

____

____

____

____

____

Stimmung:

☐ ♥

☐ ♥ ♥

☐ ♥ ♥ ♥

☐ ♥ ♥ ♥ ♥

☐ ♥ ♥ ♥ ♥ ♥

Platz für Zeichnungen / Fotos:

Datum: _______________________   Ort: _______________________

Tagebuch:

____

____

____

____

____

____

____

____

____

____

Stimmung:

☐ ♥

☐ ♥ ♥

☐ ♥ ♥ ♥

☐ ♥ ♥ ♥ ♥

☐ ♥ ♥ ♥ ♥ ♥

Platz für Zeichnungen / Fotos:

Das hat mir am besten gefallen:

____

____

____

____

____

Das hat mir am wenigsten gut
gefallen:

____

____

____

____

____

Datum: _______________________   Ort: _______________________

Tagebuch:

____
____
____
____
____
____
____
____

Stimmung:

☐ ♥

☐ ♥ ♥

☐ ♥ ♥ ♥

☐ ♥ ♥ ♥ ♥

☐ ♥ ♥ ♥ ♥ ♥

Das hat mir am besten gefallen:

____
____
____
____

Das hat mir am wenigsten gut gefallen:

____
____
____
____

Platz für Zeichnungen / Fotos:

Datum: _______________   Ort: _______________

Tagebuch:

____

_______________________________   Stimmung:

_______________________________   ☐ ♥

_______________________________   ☐ ♥ ♥

_______________________________   ☐ ♥ ♥ ♥

_______________________________   ☐ ♥ ♥ ♥ ♥

_______________________________   ☐ ♥ ♥ ♥ ♥ ♥

____

_______________________________   Platz für Zeichnungen / Fotos:

Das hat mir am besten gefallen:

____

____

____

____

____

Das hat mir am wenigsten gut
gefallen:

____

____

____

____

____

CUBA P 070 219

Personen, die viel auf
Reisen sind und immer neue
Orte und Menschen sehen,
zeichnen sich durch eine
gewisse Lebensfrische aus,
an der es denen mangelt, die
jahrein, jahraus am selben Platz
leben.

Prentice Mulford

Datum: _________________   Ort: _________________

Tagebuch:

____
____
____
____
____
____
____
____
____
____

Das hat mir am besten gefallen:

____
____
____
____
____

Das hat mir am wenigsten gut gefallen:

____
____
____
____
____

Stimmung:

☐ ♥

☐ ♥ ♥

☐ ♥ ♥ ♥

☐ ♥ ♥ ♥ ♥

☐ ♥ ♥ ♥ ♥ ♥

Platz für Zeichnungen / Fotos:

Datum: ___________________   Ort: ___________________

Tagebuch:

____
____
____
____
____
____
____
____
____
____
____

Stimmung:

☐ ♥

☐ ♥ ♥

☐ ♥ ♥ ♥

☐ ♥ ♥ ♥ ♥

☐ ♥ ♥ ♥ ♥ ♥

Das hat mir am besten gefallen:

____
____
____
____
____

Das hat mir am wenigsten gut gefallen:

____
____
____
____
____

Platz für Zeichnungen / Fotos:

Datum: _______________________ Ort: _______________________

Tagebuch:

____
____
____
____
____
____
____
____
____
____

Stimmung:

☐ ♥

☐ ♥ ♥

☐ ♥ ♥ ♥

☐ ♥ ♥ ♥ ♥

☐ ♥ ♥ ♥ ♥ ♥

Das hat mir am besten gefallen:

____
____
____
____
____

Das hat mir am wenigsten gut gefallen:

____
____
____
____
____

Platz für Zeichnungen / Fotos:

Datum: _________________   Ort: _________________

Tagebuch:

____
____
____
____
____
____
____
____
____
____

Stimmung:

☐ ♥

☐ ♥ ♥

☐ ♥ ♥ ♥

☐ ♥ ♥ ♥ ♥

☐ ♥ ♥ ♥ ♥ ♥

Das hat mir am besten gefallen:

____
____
____
____
____

Das hat mir am wenigsten gut gefallen:

____
____
____
____
____

Platz für Zeichnungen / Fotos:

Datum: ___________________   Ort: ___________________

Tagebuch:

____
____
____
____
____
____
____
____
____
____

Das hat mir am besten gefallen:

____
____
____
____
____

Das hat mir am wenigsten gut
gefallen:

____
____
____
____
____

Stimmung:

☐ ♥

☐ ♥ ♥

☐ ♥ ♥ ♥

☐ ♥ ♥ ♥ ♥

☐ ♥ ♥ ♥ ♥ ♥

Platz für Zeichnungen / Fotos:

Datum: _______________   Ort: _______________

Tagebuch:

____

____

____

____

____

____

____

____

____

____

Stimmung:

☐ ♥

☐ ♥ ♥

☐ ♥ ♥ ♥

☐ ♥ ♥ ♥ ♥

☐ ♥ ♥ ♥ ♥ ♥

Platz für Zeichnungen / Fotos:

Das hat mir am besten gefallen:

____

____

____

____

____

Das hat mir am wenigsten gut gefallen:

____

____

____

____

____

Datum: _______________________   Ort: _______________________

Tagebuch:

____

____

____

____

____

____

____

____

____

Stimmung:

☐ ♥

☐ ♥ ♥

☐ ♥ ♥ ♥

☐ ♥ ♥ ♥ ♥

☐ ♥ ♥ ♥ ♥ ♥

Das hat mir am besten gefallen:

____

____

____

____

____

Das hat mir am wenigsten gut gefallen:

____

____

____

____

Platz für Zeichnungen / Fotos:

Datum: _________________   Ort: _________________

Tagebuch:

____
____
____
____
____
____
____
____
____
____

Stimmung:

☐ ♥
☐ ♥ ♥
☐ ♥ ♥ ♥
☐ ♥ ♥ ♥ ♥
☐ ♥ ♥ ♥ ♥ ♥

Das hat mir am besten gefallen:

____
____
____
____
____
____

Das hat mir am wenigsten gut
gefallen:

____
____
____
____
____

Platz für Zeichnungen / Fotos:

Datum: _______________________   Ort: _______________________

Tagebuch:

____
____
____
____
____
____
____
____
____

Stimmung:

☐ ♥

☐ ♥ ♥

☐ ♥ ♥ ♥

☐ ♥ ♥ ♥ ♥

☐ ♥ ♥ ♥ ♥ ♥

Das hat mir am besten gefallen:

____
____
____
____
____

Das hat mir am wenigsten gut
gefallen:

____
____
____
____

Platz für Zeichnungen / Fotos:

Datum: _______________

Ort: _______________

Tagebuch:

____
____
____
____
____
____
____
____
____
____

Stimmung:

☐ ♥

☐ ♥ ♥

☐ ♥ ♥ ♥

☐ ♥ ♥ ♥ ♥

☐ ♥ ♥ ♥ ♥ ♥

Das hat mir am besten gefallen:

____
____
____
____
____

Das hat mir am wenigsten gut gefallen:

____
____
____
____
____

Platz für Zeichnungen / Fotos:

Datum: _______________   Ort: _______________

Tagebuch:

____
____
____
____
____
____
____
____
____
____
____

Stimmung:

☐ ♥

☐ ♥ ♥

☐ ♥ ♥ ♥

☐ ♥ ♥ ♥ ♥

☐ ♥ ♥ ♥ ♥ ♥

Das hat mir am besten gefallen:

____
____
____
____
____

Das hat mir am wenigsten gut gefallen:

____
____
____
____
____

Platz für Zeichnungen / Fotos:

Datum: _______________   Ort: _______________

Tagebuch:

____

____

____

____

____

____

____

____

____

____

Stimmung:

☐ ♥

☐ ♥ ♥

☐ ♥ ♥ ♥

☐ ♥ ♥ ♥ ♥

☐ ♥ ♥ ♥ ♥ ♥

Platz für Zeichnungen / Fotos:

Das hat mir am besten gefallen:

____

____

____

____

Das hat mir am wenigsten gut
gefallen:

____

____

____

____

Das wichtigste Stück des
Reisegepäcks ist und bleibt ein
fröhliches Herz.

Hermann Löns

Datum: _______________   Ort: _______________

Tagebuch:

____
____
____
____
____
____
____
____
____
____
____

Das hat mir am besten gefallen:

____
____
____
____
____

Das hat mir am wenigsten gut
gefallen:

____
____
____
____

Stimmung:

☐ ♥
☐ ♥ ♥
☐ ♥ ♥ ♥
☐ ♥ ♥ ♥ ♥
☐ ♥ ♥ ♥ ♥ ♥

Platz für Zeichnungen / Fotos:

Datum: _______________   Ort: _______________

Tagebuch:

____
____
____
____
____
____
____
____
____

Stimmung:

☐ ♥
☐ ♥ ♥
☐ ♥ ♥ ♥
☐ ♥ ♥ ♥ ♥
☐ ♥ ♥ ♥ ♥ ♥

Das hat mir am besten gefallen:

____
____
____
____
____

Das hat mir am wenigsten gut gefallen:

____
____
____
____
____

Platz für Zeichnungen / Fotos:

Datum: _______________   Ort: _______________

Tagebuch:

____
____
____
____
____
____
____
____
____
____

Stimmung:

□ ♥

□ ♥ ♥

□ ♥ ♥ ♥

□ ♥ ♥ ♥ ♥

□ ♥ ♥ ♥ ♥ ♥

Das hat mir am besten gefallen:

____
____
____
____
____

Das hat mir am wenigsten gut gefallen:

____
____
____
____

Platz für Zeichnungen / Fotos:

Datum: _______________   Ort: _______________

Tagebuch:

____
____
____
____
____
____
____
____
____
____
____

Stimmung:

☐ ♥
☐ ♥ ♥
☐ ♥ ♥ ♥
☐ ♥ ♥ ♥ ♥
☐ ♥ ♥ ♥ ♥ ♥

Platz für Zeichnungen / Fotos:

Das hat mir am besten gefallen:

____
____
____
____
____

Das hat mir am wenigsten gut gefallen:

____
____
____
____
____

Datum: _______________   Ort: _______________

Tagebuch:

____
____
____
____
____
____
____
____
____
____

Stimmung:

☐ ♥
☐ ♥ ♥
☐ ♥ ♥ ♥
☐ ♥ ♥ ♥ ♥
☐ ♥ ♥ ♥ ♥ ♥

Platz für Zeichnungen / Fotos:

Das hat mir am besten gefallen:

____
____
____
____
____

Das hat mir am wenigsten gut gefallen:

____
____
____
____

Datum: _________________ Ort: _________________

Tagebuch:

____
____
____
____
____
____
____
____
____
____
____

Stimmung:

☐ ♥
☐ ♥ ♥
☐ ♥ ♥ ♥
☐ ♥ ♥ ♥ ♥
☐ ♥ ♥ ♥ ♥ ♥

Platz für Zeichnungen / Fotos:

Das hat mir am besten gefallen:

____
____
____
____
____

Das hat mir am wenigsten gut gefallen:

____
____
____
____
____

Datum: _______________   Ort: _______________

Tagebuch:

____
____
____
____
____
____
____
____
____
____

Das hat mir am besten gefallen:

____
____
____
____
____

Das hat mir am wenigsten gut gefallen:

____
____
____
____

Stimmung:

☐ ♥
☐ ♥ ♥
☐ ♥ ♥ ♥
☐ ♥ ♥ ♥ ♥
☐ ♥ ♥ ♥ ♥ ♥

Platz für Zeichnungen / Fotos:

Datum: _______________   Ort: _______________

Tagebuch:

____

____

____

____

____

____

____

____

____

____

Stimmung:

☐ ♥

☐ ♥ ♥

☐ ♥ ♥ ♥

☐ ♥ ♥ ♥ ♥

☐ ♥ ♥ ♥ ♥ ♥

Das hat mir am besten gefallen:

____

____

____

____

____

Das hat mir am wenigsten gut gefallen:

____

____

____

____

Platz für Zeichnungen / Fotos:

Datum: _______________________   Ort: _______________________

Tagebuch:

____
____
____
____
____
____
____
____
____
____
____

Stimmung:

☐ ♥

☐ ♥ ♥

☐ ♥ ♥ ♥

☐ ♥ ♥ ♥ ♥

☐ ♥ ♥ ♥ ♥ ♥

Das hat mir am besten gefallen:

____
____
____
____
____

Das hat mir am wenigsten gut gefallen:

____
____
____
____
____

Platz für Zeichnungen / Fotos:

Datum: ___________________   Ort: ___________________

Tagebuch:

____
____
____
____
____
____
____
____
____
____

Stimmung:

☐ ♥

☐ ♥ ♥

☐ ♥ ♥ ♥

☐ ♥ ♥ ♥ ♥

☐ ♥ ♥ ♥ ♥ ♥

Das hat mir am besten gefallen:

____
____
____
____
____

Das hat mir am wenigsten gut gefallen:

____
____
____
____

Platz für Zeichnungen / Fotos:

Datum: _________________________   Ort: _________________________

Tagebuch:

____
____
____
____
____
____
____
____
____

Stimmung:

☐ ♥

☐ ♥ ♥

☐ ♥ ♥ ♥

☐ ♥ ♥ ♥ ♥

☐ ♥ ♥ ♥ ♥ ♥

Platz für Zeichnungen / Fotos:

Das hat mir am besten gefallen:

____
____
____
____
____

Das hat mir am wenigsten gut
gefallen:

____
____
____
____

Datum: _________________________   Ort: _________________________

Tagebuch:

____

____

____

____

____

____

____

____

____

____

Stimmung:

☐ ♥

☐ ♥ ♥

☐ ♥ ♥ ♥

☐ ♥ ♥ ♥ ♥

☐ ♥ ♥ ♥ ♥ ♥

Das hat mir am besten gefallen:

____

____

____

____

____

Das hat mir am wenigsten gut
gefallen:

____

____

____

____

Platz für Zeichnungen / Fotos:

Zum Reisen gehört
Geduld, Mut, guter Humor,
Vergessenheit aller
häuslichen Sorgen, und daß
man sich durch widrige Zufälle,
Schwierigkeiten, böses Wetter,
schlechte Kost und dergleichen
nicht niederschlagen läßt.

Adolph Freiherr von Knigge

Datum: ___________________   Ort: ___________________

Tagebuch:

____
____
____
____
____
____
____
____
____
____

Das hat mir am besten gefallen:

____
____
____
____
____

Das hat mir am wenigsten gut
gefallen:

____
____
____
____
____

Stimmung:

☐ ♥

☐ ♥ ♥

☐ ♥ ♥ ♥

☐ ♥ ♥ ♥ ♥

☐ ♥ ♥ ♥ ♥ ♥

Platz für Zeichnungen / Fotos:

Datum: _______________________   Ort: _______________________

Tagebuch:

____

____

____

____

____

____

____

____

____

____

Stimmung:

☐ ♥

☐ ♥ ♥

☐ ♥ ♥ ♥

☐ ♥ ♥ ♥ ♥

☐ ♥ ♥ ♥ ♥ ♥

Das hat mir am besten gefallen:

____

____

____

____

____

Das hat mir am wenigsten gut gefallen:

____

____

____

____

Platz für Zeichnungen / Fotos:

Datum: _______________________   Ort: _______________________

Tagebuch:

____
____
____
____
____
____
____
____
____
____

Stimmung:

☐ ♥

☐ ♥ ♥

☐ ♥ ♥ ♥

☐ ♥ ♥ ♥ ♥

☐ ♥ ♥ ♥ ♥ ♥

Das hat mir am besten gefallen:

____
____
____
____
____

Das hat mir am wenigsten gut
gefallen:

____
____
____
____

Platz für Zeichnungen / Fotos:

Datum: _________________   Ort: _________________

Tagebuch:

____
____
____
____
____
____
____
____
____
____

Das hat mir am besten gefallen:

____
____
____
____
____

Das hat mir am wenigsten gut
gefallen:

____
____
____
____
____

Stimmung:

☐ ♥
☐ ♥ ♥
☐ ♥ ♥ ♥
☐ ♥ ♥ ♥ ♥
☐ ♥ ♥ ♥ ♥ ♥

Platz für Zeichnungen / Fotos:

Datum: _______________   Ort: _______________

Tagebuch:

____
____
____
____
____
____
____
____
____
____
____

Stimmung:

☐ ♥
☐ ♥ ♥
☐ ♥ ♥ ♥
☐ ♥ ♥ ♥ ♥
☐ ♥ ♥ ♥ ♥ ♥

Das hat mir am besten gefallen:

____
____
____
____
____

Platz für Zeichnungen / Fotos:

Das hat mir am wenigsten gut
gefallen:

____
____
____
____

Datum: _______________   Ort: _______________

Tagebuch:

____
____
____
____
____
____
____
____
____
____

Das hat mir am besten gefallen:

____
____
____
____
____

Das hat mir am wenigsten gut
gefallen:

____
____
____
____
____

Stimmung:

☐ ♥
☐ ♥ ♥
☐ ♥ ♥ ♥
☐ ♥ ♥ ♥ ♥
☐ ♥ ♥ ♥ ♥ ♥

Platz für Zeichnungen / Fotos:

Datum: _______________________   Ort: _______________________

Tagebuch:

____

____

____

____

____

____

____

____

____

Stimmung:

☐ ♥

☐ ♥ ♥

☐ ♥ ♥ ♥

☐ ♥ ♥ ♥ ♥

☐ ♥ ♥ ♥ ♥ ♥

Das hat mir am besten gefallen:

____

____

____

____

____

Das hat mir am wenigsten gut gefallen:

____

____

____

____

Platz für Zeichnungen / Fotos:

Datum: _______________   Ort: _______________

Tagebuch:

____
____
____
____
____
____
____
____
____
____

Stimmung:

☐ ♥
☐ ♥ ♥
☐ ♥ ♥ ♥
☐ ♥ ♥ ♥ ♥
☐ ♥ ♥ ♥ ♥ ♥

Platz für Zeichnungen / Fotos:

Das hat mir am besten gefallen:

____
____
____
____
____

Das hat mir am wenigsten gut
gefallen:

____
____
____
____
____

Datum: _______________________   Ort: _______________________

Tagebuch:

____

____

____

____

____

____

____

____

____

____

Das hat mir am besten gefallen:

____

____

____

____

____

Das hat mir am wenigsten gut
gefallen:

____

____

____

____

____

Stimmung:

☐ ♥

☐ ♥ ♥

☐ ♥ ♥ ♥

☐ ♥ ♥ ♥ ♥

☐ ♥ ♥ ♥ ♥ ♥

Platz für Zeichnungen / Fotos:

Datum: _________________________   Ort: _________________________

Tagebuch:

____

____

____

____

____

____

____

____

____

____

Stimmung:

☐ ♥

☐ ♥ ♥

☐ ♥ ♥ ♥

☐ ♥ ♥ ♥ ♥

☐ ♥ ♥ ♥ ♥ ♥

Das hat mir am besten gefallen:

____

____

____

____

____

Das hat mir am wenigsten gut
gefallen:

____

____

____

____

____

Platz für Zeichnungen / Fotos:

Datum: ___________________   Ort: ___________________

Tagebuch:

____
____
____
____
____
____
____
____
____
____

Stimmung:

☐ ♥

☐ ♥ ♥

☐ ♥ ♥ ♥

☐ ♥ ♥ ♥ ♥

☐ ♥ ♥ ♥ ♥ ♥

Das hat mir am besten gefallen:

____
____
____
____

Das hat mir am wenigsten gut gefallen:

____
____
____
____

Platz für Zeichnungen / Fotos:

Datum: _______________   Ort: _______________

Tagebuch:

____
____
____
____
____
____
____
____
____

Das hat mir am besten gefallen:

____
____
____
____
____

Das hat mir am wenigsten gut
gefallen:

____
____
____
____
____

Stimmung:

☐ ♥

☐ ♥ ♥

☐ ♥ ♥ ♥

☐ ♥ ♥ ♥ ♥

☐ ♥ ♥ ♥ ♥ ♥

Platz für Zeichnungen / Fotos:

Der Sinn des Reisens besteht darin,
die Vorstellungen mit der Wirklichkeit auszugleichen, und
anstatt zu denken, wie die Dinge sein könnten, sie so zu sehen, wie
sie sind.

Samuel Johnson

Datum: _______________   Ort: _______________

Tagebuch:

____

____

____

____

____

____

____

____

Stimmung:

☐ ♥

☐ ♥ ♥

☐ ♥ ♥ ♥

☐ ♥ ♥ ♥ ♥

☐ ♥ ♥ ♥ ♥ ♥

Das hat mir am besten gefallen:

____

____

____

____

____

Das hat mir am wenigsten gut
gefallen:

____

____

____

____

____

Platz für Zeichnungen / Fotos:

Datum: _______________   Ort: _______________

Tagebuch:

____

____

____

____

____

____

____

____

____

Stimmung:

☐ ♥

☐ ♥ ♥

☐ ♥ ♥ ♥

☐ ♥ ♥ ♥ ♥

☐ ♥ ♥ ♥ ♥ ♥

Platz für Zeichnungen / Fotos:

Das hat mir am besten gefallen:

____

____

____

____

____

Das hat mir am wenigsten gut gefallen:

____

____

____

____

Datum: _______________   Ort: _______________

Tagebuch:

____
____
____
____
____
____
____
____
____
____
____

Stimmung:

☐ ♥
☐ ♥ ♥
☐ ♥ ♥ ♥
☐ ♥ ♥ ♥ ♥
☐ ♥ ♥ ♥ ♥ ♥

Platz für Zeichnungen / Fotos:

Das hat mir am besten gefallen:

____
____
____
____
____

Das hat mir am wenigsten gut gefallen:

____
____
____
____
____

Datum: _______________   Ort: _______________

Tagebuch:

____
____
____
____
____
____
____
____
____
____

Das hat mir am besten gefallen:

____
____
____
____
____

Das hat mir am wenigsten gut
gefallen:

____
____
____
____
____

Stimmung:

☐ ♥
☐ ♥ ♥
☐ ♥ ♥ ♥
☐ ♥ ♥ ♥ ♥
☐ ♥ ♥ ♥ ♥ ♥

Platz für Zeichnungen / Fotos:

Datum: _______________   Ort: _______________

Tagebuch:

____
____
____
____
____
____
____
____
____
____
____

Stimmung:

☐ ♥
☐ ♥ ♥
☐ ♥ ♥ ♥
☐ ♥ ♥ ♥ ♥
☐ ♥ ♥ ♥ ♥ ♥

Platz für Zeichnungen / Fotos:

Das hat mir am besten gefallen:

____
____
____
____
____

Das hat mir am wenigsten gut gefallen:

____
____
____
____
____

Datum: _______________   Ort: _______________

Tagebuch:

____

____

____

____

____

____

____

____

Stimmung:

□ ♥

□ ♥ ♥

□ ♥ ♥ ♥

□ ♥ ♥ ♥ ♥

□ ♥ ♥ ♥ ♥ ♥

Platz für Zeichnungen / Fotos:

Das hat mir am besten gefallen:

____

____

____

____

____

Das hat mir am wenigsten gut
gefallen:

____

____

____

____

Datum: _______________   Ort: _______________

Tagebuch:

____
____
____
____
____
____
____
____
____

Stimmung:

☐ ♥

☐ ♥ ♥

☐ ♥ ♥ ♥

☐ ♥ ♥ ♥ ♥

☐ ♥ ♥ ♥ ♥ ♥

Das hat mir am besten gefallen:

____
____
____
____
____

Das hat mir am wenigsten gut gefallen:

____
____
____
____

Platz für Zeichnungen / Fotos:

Datum: ___________________ Ort: ___________________

Tagebuch:

____
____
____
____
____
____
____
____
____
____

Stimmung:

☐ ♥
☐ ♥ ♥
☐ ♥ ♥ ♥
☐ ♥ ♥ ♥ ♥
☐ ♥ ♥ ♥ ♥ ♥

Platz für Zeichnungen / Fotos:

Das hat mir am besten gefallen:

____
____
____
____
____

Das hat mir am wenigsten gut gefallen:

____
____
____
____
____

Datum: _________________   Ort: _________________

Tagebuch:

____
____
____
____
____
____
____
____
____
____

Stimmung:

☐ ♥

☐ ♥ ♥

☐ ♥ ♥ ♥

☐ ♥ ♥ ♥ ♥

☐ ♥ ♥ ♥ ♥ ♥

Das hat mir am besten gefallen:

____
____
____
____
____

Das hat mir am wenigsten gut gefallen:

____
____
____
____

Platz für Zeichnungen / Fotos:

Datum: _______________   Ort: _______________

Tagebuch:

____

____

____

____

____

____

____

____

Stimmung:

☐ ♥

☐ ♥ ♥

☐ ♥ ♥ ♥

☐ ♥ ♥ ♥ ♥

☐ ♥ ♥ ♥ ♥ ♥

Platz für Zeichnungen / Fotos:

Das hat mir am besten gefallen:

____

____

____

____

____

Das hat mir am wenigsten gut gefallen:

____

____

____

____

Datum: ___________________   Ort: ___________________

Tagebuch:

____
____
____
____
____
____
____
____
____

Stimmung:

☐ ♥

☐ ♥ ♥

☐ ♥ ♥ ♥

☐ ♥ ♥ ♥ ♥

☐ ♥ ♥ ♥ ♥ ♥

Das hat mir am besten gefallen:

____
____
____
____
____

Platz für Zeichnungen / Fotos:

Das hat mir am wenigsten gut gefallen:

____
____
____
____

Datum: _______________   Ort: _______________

Tagebuch:

____

____

____

____

____

____

____

____

____

Stimmung:

☐ ♥

☐ ♥ ♥

☐ ♥ ♥ ♥

☐ ♥ ♥ ♥ ♥

☐ ♥ ♥ ♥ ♥ ♥

Platz für Zeichnungen / Fotos:

Das hat mir am besten gefallen:

____

____

____

____

____

Das hat mir am wenigsten gut
gefallen:

____

____

____

____

Jede Reise, jede Wanderschaft ist
ein Aufbruch zu neuen Ufern, ein Sprengen der
Ketten, die uns an den Felsen des Alltäglichen und Gewohnten
schmieden.

Dr. Carl Peter Fröhling

Datum: ________________   Ort: ________________

Tagebuch:

____
____
____
____
____
____
____
____
____

Stimmung:

☐ ♥
☐ ♥ ♥
☐ ♥ ♥ ♥
☐ ♥ ♥ ♥ ♥
☐ ♥ ♥ ♥ ♥ ♥

Das hat mir am besten gefallen:

____
____
____
____
____

Das hat mir am wenigsten gut gefallen:

____
____
____
____

Platz für Zeichnungen / Fotos:

Datum: _______________   Ort: _______________

Tagebuch:

____
____
____
____
____
____
____
____
____
____
____

Stimmung:

☐ ♥
☐ ♥ ♥
☐ ♥ ♥ ♥
☐ ♥ ♥ ♥ ♥
☐ ♥ ♥ ♥ ♥ ♥

Das hat mir am besten gefallen:

____
____
____
____
____

Das hat mir am wenigsten gut gefallen:

____
____
____
____

Platz für Zeichnungen / Fotos:

Datum: _______________   Ort: _______________

Tagebuch:

____
____
____
____
____
____
____
____
____
____

Das hat mir am besten gefallen:

____
____
____
____
____

Das hat mir am wenigsten gut
gefallen:

____
____
____
____

Stimmung:

☐ ♥

☐ ♥ ♥

☐ ♥ ♥ ♥

☐ ♥ ♥ ♥ ♥

☐ ♥ ♥ ♥ ♥ ♥

Platz für Zeichnungen / Fotos:

Datum: ___________________ Ort: ___________________

Tagebuch:

____
____
____
____
____
____
____
____
____
____

Das hat mir am besten gefallen:

____
____
____
____
____

Das hat mir am wenigsten gut
gefallen:

____
____
____
____
____

Stimmung:

☐ ♥

☐ ♥ ♥

☐ ♥ ♥ ♥

☐ ♥ ♥ ♥ ♥

☐ ♥ ♥ ♥ ♥ ♥

Platz für Zeichnungen / Fotos:

Datum: _______________   Ort: _______________

Tagebuch:

____

Stimmung:

☐ ♥

☐ ♥ ♥

☐ ♥ ♥ ♥

☐ ♥ ♥ ♥ ♥

☐ ♥ ♥ ♥ ♥ ♥

Platz für Zeichnungen / Fotos:

Das hat mir am besten gefallen:

Das hat mir am wenigsten gut
gefallen:

Datum: _______________   Ort: _______________

Tagebuch:
____

Stimmung:

☐ ♥

☐ ♥ ♥

☐ ♥ ♥ ♥

☐ ♥ ♥ ♥ ♥

☐ ♥ ♥ ♥ ♥ ♥

____
____
____
____
____
____
____
____
____

Platz für Zeichnungen / Fotos:

Das hat mir am besten gefallen:
____
____
____
____
____

Das hat mir am wenigsten gut
gefallen:
____
____
____
____
____

Datum: ___________________   Ort: ___________________

Tagebuch:

____
____
____
____
____
____
____
____
____

Stimmung:

☐ ♥

☐ ♥ ♥

☐ ♥ ♥ ♥

☐ ♥ ♥ ♥ ♥

☐ ♥ ♥ ♥ ♥ ♥

Das hat mir am besten gefallen:

____
____
____
____
____

Das hat mir am wenigsten gut gefallen:

____
____
____
____

Platz für Zeichnungen / Fotos:

Datum: _______________   Ort: _______________

Tagebuch:

____

____

____

____

____

____

____

____

____

Stimmung:

□ ♥

□ ♥ ♥

□ ♥ ♥ ♥

□ ♥ ♥ ♥ ♥

□ ♥ ♥ ♥ ♥ ♥

Platz für Zeichnungen / Fotos:

Das hat mir am besten gefallen:

____

____

____

____

____

Das hat mir am wenigsten gut gefallen:

____

____

____

____

____

Datum: _________________________   Ort: _________________________

Tagebuch:

____
____
____
____
____
____
____
____
____
____
____

Stimmung:

☐ ♥
☐ ♥ ♥
☐ ♥ ♥ ♥
☐ ♥ ♥ ♥ ♥
☐ ♥ ♥ ♥ ♥ ♥

Das hat mir am besten gefallen:

____
____
____
____
____

Das hat mir am wenigsten gut gefallen:

____
____
____
____
____

Platz für Zeichnungen / Fotos:

Datum: _______________________   Ort: _______________________

Tagebuch:

____
____
____
____
____
____
____
____
____
____
____

Stimmung:

☐ ♥

☐ ♥ ♥

☐ ♥ ♥ ♥

☐ ♥ ♥ ♥ ♥

☐ ♥ ♥ ♥ ♥ ♥

Das hat mir am besten gefallen:

____
____
____
____
____

Das hat mir am wenigsten gut gefallen:

____
____
____
____

Platz für Zeichnungen / Fotos:

Datum: _______________   Ort: _______________

Tagebuch:

____
____
____
____
____
____
____
____
____
____
____

Stimmung:

☐ ♥
☐ ♥ ♥
☐ ♥ ♥ ♥
☐ ♥ ♥ ♥ ♥
☐ ♥ ♥ ♥ ♥ ♥

Das hat mir am besten gefallen:

____
____
____
____
____

Das hat mir am wenigsten gut
gefallen:

____
____
____
____

Platz für Zeichnungen / Fotos:

Datum: ___________________   Ort: ___________________

Tagebuch:

____
____
____
____
____
____
____
____
____
____

Stimmung:

☐ ♥

☐ ♥ ♥

☐ ♥ ♥ ♥

☐ ♥ ♥ ♥ ♥

☐ ♥ ♥ ♥ ♥ ♥

Das hat mir am besten gefallen:

____
____
____
____
____

Das hat mir am wenigsten gut
gefallen:

____
____
____
____

Platz für Zeichnungen / Fotos:

Wenn man mich fragt,
warum ich reise, antworte
ich: Ich weiß wohl, wovor
ich fliehe, aber nicht, wonach
ich suche.

Michel de Montaigne

Datum: _______________   Ort: _______________

Tagebuch:

____
____
____
____
____
____
____
____
____
____
____

Stimmung:

☐ ♥
☐ ♥ ♥
☐ ♥ ♥ ♥
☐ ♥ ♥ ♥ ♥
☐ ♥ ♥ ♥ ♥ ♥

Platz für Zeichnungen / Fotos:

Das hat mir am besten gefallen:

____
____
____
____
____

Das hat mir am wenigsten gut gefallen:

____
____
____
____
____

Datum: ___________________   Ort: ___________________

Tagebuch:

____
____
____
____
____
____
____
____
____
____
____

Stimmung:

☐ ♥
☐ ♥ ♥
☐ ♥ ♥ ♥
☐ ♥ ♥ ♥ ♥
☐ ♥ ♥ ♥ ♥ ♥

Das hat mir am besten gefallen:

____
____
____
____
____

Das hat mir am wenigsten gut gefallen:

____
____
____
____
____

Platz für Zeichnungen / Fotos:

Datum: _________________   Ort: _________________

Tagebuch:

____
____
____
____
____
____
____
____
____
____

Das hat mir am besten gefallen:

____
____
____
____
____

Das hat mir am wenigsten gut
gefallen:

____
____
____
____

Stimmung:

☐ ♥

☐ ♥ ♥

☐ ♥ ♥ ♥

☐ ♥ ♥ ♥ ♥

☐ ♥ ♥ ♥ ♥ ♥

Platz für Zeichnungen / Fotos:

Datum: _____________________   Ort: _____________________

Tagebuch:

____
____
____
____
____
____
____
____
____
____
____

Stimmung:

☐ ♥

☐ ♥ ♥

☐ ♥ ♥ ♥

☐ ♥ ♥ ♥ ♥

☐ ♥ ♥ ♥ ♥ ♥

Das hat mir am besten gefallen:

____
____
____
____
____

Das hat mir am wenigsten gut gefallen:

____
____
____
____
____

Platz für Zeichnungen / Fotos:

Datum: _________________   Ort: _________________

Tagebuch:

____
____
____
____
____
____
____
____
____
____

Stimmung:

□ ♥
□ ♥ ♥
□ ♥ ♥ ♥
□ ♥ ♥ ♥ ♥
□ ♥ ♥ ♥ ♥ ♥

Das hat mir am besten gefallen:

____
____
____
____
____

Platz für Zeichnungen / Fotos:

Das hat mir am wenigsten gut
gefallen:

____
____
____
____

Datum: _______________   Ort: _______________

Tagebuch:

____
____
____
____
____
____
____
____
____
____
____
____

Stimmung:

☐ ♥
☐ ♥ ♥
☐ ♥ ♥ ♥
☐ ♥ ♥ ♥ ♥
☐ ♥ ♥ ♥ ♥ ♥

Das hat mir am besten gefallen:

____
____
____
____
____
____

Das hat mir am wenigsten gut gefallen:

____
____
____
____
____

Platz für Zeichnungen / Fotos:

Datum: ___________________   Ort: ___________________

Tagebuch:

____
____
____
____
____
____
____
____
____
____
____

Stimmung:

☐ ♥

☐ ♥ ♥

☐ ♥ ♥ ♥

☐ ♥ ♥ ♥ ♥

☐ ♥ ♥ ♥ ♥ ♥

Platz für Zeichnungen / Fotos:

Das hat mir am besten gefallen:

____
____
____
____
____

Das hat mir am wenigsten gut gefallen:

____
____
____
____
____

Datum: _______________   Ort: _______________

Tagebuch:

____
____
____
____
____
____
____
____
____
____

Stimmung:

☐ ♥
☐ ♥ ♥
☐ ♥ ♥ ♥
☐ ♥ ♥ ♥ ♥
☐ ♥ ♥ ♥ ♥ ♥

Das hat mir am besten gefallen:

____
____
____
____
____

Das hat mir am wenigsten gut gefallen:

____
____
____
____

Platz für Zeichnungen / Fotos:

Datum: _______________   Ort: _______________

Tagebuch:

____
____
____
____
____
____
____
____
____
____

Das hat mir am besten gefallen:

____
____
____
____
____

Das hat mir am wenigsten gut
gefallen:

____
____
____
____

Stimmung:

☐ ♥

☐ ♥ ♥

☐ ♥ ♥ ♥

☐ ♥ ♥ ♥ ♥

☐ ♥ ♥ ♥ ♥ ♥

Platz für Zeichnungen / Fotos:

Datum: _________________   Ort: _________________

Tagebuch:

____

____

____

____

____

____

____

____

____

____

____

Stimmung:

☐ ♥

☐ ♥ ♥

☐ ♥ ♥ ♥

☐ ♥ ♥ ♥ ♥

☐ ♥ ♥ ♥ ♥ ♥

Platz für Zeichnungen / Fotos:

Das hat mir am besten gefallen:

____

____

____

____

____

Das hat mir am wenigsten gut
gefallen:

____

____

____

____

Datum: _________________   Ort: _________________

Tagebuch:

____
____
____
____
____
____
____
____
____
____

Stimmung:

☐ ♥
☐ ♥ ♥
☐ ♥ ♥ ♥
☐ ♥ ♥ ♥ ♥
☐ ♥ ♥ ♥ ♥ ♥

Das hat mir am besten gefallen:

____
____
____
____
____

Das hat mir am wenigsten gut gefallen:

____
____
____
____

Platz für Zeichnungen / Fotos:

Datum: _______________________   Ort: _______________________

Tagebuch:

____

____

____

____

____

____

____

____

____

____

Stimmung:

☐ ♥

☐ ♥ ♥

☐ ♥ ♥ ♥

☐ ♥ ♥ ♥ ♥

☐ ♥ ♥ ♥ ♥ ♥

Das hat mir am besten gefallen:

____

____

____

____

____

Das hat mir am wenigsten gut gefallen:

____

____

____

____

____

Platz für Zeichnungen / Fotos:

So ein Kerl wie ich weiß nichts Besseres zu tun, als auf einer Reise in den Straßen herumzubummeln, Leute zu betrachten, stundenlang auf dem Tandelmarkt zu stehen oder in Schaufenster zu gucken.
Gustav Meyrink

Datum: _________________   Ort: _________________

Tagebuch:

____
____
____
____
____
____
____
____
____
____

Das hat mir am besten gefallen:

____
____
____
____
____

Das hat mir am wenigsten gut
gefallen:

____
____
____
____
____

Stimmung:

☐ ♥
☐ ♥ ♥
☐ ♥ ♥ ♥
☐ ♥ ♥ ♥ ♥
☐ ♥ ♥ ♥ ♥ ♥

Platz für Zeichnungen / Fotos:

Datum: _________________   Ort: _________________

Tagebuch:

____
____
____
____
____
____
____
____
____
____

Stimmung:

☐ ♥

☐ ♥ ♥

☐ ♥ ♥ ♥

☐ ♥ ♥ ♥ ♥

☐ ♥ ♥ ♥ ♥ ♥

Das hat mir am besten gefallen:

____
____
____
____
____

Das hat mir am wenigsten gut
gefallen:

____
____
____
____
____

Platz für Zeichnungen / Fotos:

Datum: _________________________   Ort: _________________________

Tagebuch:

____
____
____
____
____
____
____
____
____
____

Stimmung:

☐ ♥
☐ ♥ ♥
☐ ♥ ♥ ♥
☐ ♥ ♥ ♥ ♥
☐ ♥ ♥ ♥ ♥ ♥

Das hat mir am besten gefallen:

____
____
____
____
____

Das hat mir am wenigsten gut gefallen:

____
____
____
____

Platz für Zeichnungen / Fotos:

Datum: ___________________   Ort: ___________________

Tagebuch:

____
____
____
____
____
____
____
____
____
____

Stimmung:

☐ ♥

☐ ♥ ♥

☐ ♥ ♥ ♥

☐ ♥ ♥ ♥ ♥

☐ ♥ ♥ ♥ ♥ ♥

Das hat mir am besten gefallen:

____
____
____
____
____

Das hat mir am wenigsten gut
gefallen:

____
____
____
____

Platz für Zeichnungen / Fotos:

Datum: _________________________   Ort: _________________________

Tagebuch:

____

____

____

____

____

____

____

____

____

____

Stimmung:

☐ ♥

☐ ♥ ♥

☐ ♥ ♥ ♥

☐ ♥ ♥ ♥ ♥

☐ ♥ ♥ ♥ ♥ ♥

Das hat mir am besten gefallen:

____

____

____

____

____

Das hat mir am wenigsten gut
gefallen:

____

____

____

____

Platz für Zeichnungen / Fotos:

Datum: _______________   Ort: _______________

Tagebuch:

____
____
____
____
____
____
____
____
____
____
____

Das hat mir am besten gefallen:

____
____
____
____

Das hat mir am wenigsten gut
gefallen:

____
____
____
____

Stimmung:

☐ ♥

☐ ♥ ♥

☐ ♥ ♥ ♥

☐ ♥ ♥ ♥ ♥

☐ ♥ ♥ ♥ ♥ ♥

Platz für Zeichnungen / Fotos:

Datum: _________________   Ort: _________________

Tagebuch:

____
____
____
____
____
____
____
____
____
____

Das hat mir am besten gefallen:

____
____
____
____
____

Das hat mir am wenigsten gut
gefallen:

____
____
____
____

Stimmung:

☐ ♥

☐ ♥ ♥

☐ ♥ ♥ ♥

☐ ♥ ♥ ♥ ♥

☐ ♥ ♥ ♥ ♥ ♥

Platz für Zeichnungen / Fotos:

Datum: _________________   Ort: _________________

Tagebuch:

____
____
____
____
____
____
____
____
____
____
____

Das hat mir am besten gefallen:

____
____
____
____
____

Das hat mir am wenigsten gut gefallen:

____
____
____
____
____

Stimmung:

☐ ♥
☐ ♥ ♥
☐ ♥ ♥ ♥
☐ ♥ ♥ ♥ ♥
☐ ♥ ♥ ♥ ♥ ♥

Platz für Zeichnungen / Fotos:

Datum: _____________________   Ort: _____________________

Tagebuch:

____
____
____
____
____
____
____
____
____

Stimmung:

☐ ♥
☐ ♥ ♥
☐ ♥ ♥ ♥
☐ ♥ ♥ ♥ ♥
☐ ♥ ♥ ♥ ♥ ♥

Das hat mir am besten gefallen:

____
____
____
____
____

Das hat mir am wenigsten gut gefallen:

____
____
____
____
____

Platz für Zeichnungen / Fotos:

Datum: ___________________   Ort: ___________________

Tagebuch:

____
____
____
____
____
____
____
____
____
____

Das hat mir am besten gefallen:

____
____
____
____
____

Das hat mir am wenigsten gut
gefallen:

____
____
____
____
____

Stimmung:

☐ ♥

☐ ♥ ♥

☐ ♥ ♥ ♥

☐ ♥ ♥ ♥ ♥

☐ ♥ ♥ ♥ ♥ ♥

Platz für Zeichnungen / Fotos:

Datum: _______________   Ort: _______________

Tagebuch:

____
____
____
____
____
____
____
____
____
____

Stimmung:

☐ ♥
☐ ♥ ♥
☐ ♥ ♥ ♥
☐ ♥ ♥ ♥ ♥
☐ ♥ ♥ ♥ ♥ ♥

Platz für Zeichnungen / Fotos:

Das hat mir am besten gefallen:

____
____
____
____
____

Das hat mir am wenigsten gut gefallen:

____
____
____
____

Datum: _______________________   Ort: _______________________

Tagebuch:

____

_____________________________________   Stimmung:

_____________________________________   ☐ ♥

_____________________________________   ☐ ♥ ♥

_____________________________________   ☐ ♥ ♥ ♥

_____________________________________   ☐ ♥ ♥ ♥ ♥

_____________________________________   ☐ ♥ ♥ ♥ ♥ ♥

____

_____________________________________   Platz für Zeichnungen / Fotos:

Das hat mir am besten gefallen:

____

____

____

____

____

Das hat mir am wenigsten gut
gefallen:

____

____

____

____

Wo immer du hingehst, hat der Himmel dieselbe Farbe.

Aus Persien

Datum: _____________________   Ort: _____________________

Tagebuch:

____
____
____
____
____
____
____
____
____
____

Stimmung:

☐ ♥
☐ ♥ ♥
☐ ♥ ♥ ♥
☐ ♥ ♥ ♥ ♥
☐ ♥ ♥ ♥ ♥ ♥

Das hat mir am besten gefallen:

____
____
____
____
____
____

Das hat mir am wenigsten gut gefallen:

____
____
____
____

Platz für Zeichnungen / Fotos:

Datum: ___________________   Ort: ___________________

Tagebuch:

____

____

____

____

____

____

____

____

____

____

Stimmung:

☐ ♥

☐ ♥ ♥

☐ ♥ ♥ ♥

☐ ♥ ♥ ♥ ♥

☐ ♥ ♥ ♥ ♥ ♥

Das hat mir am besten gefallen:

____

____

____

____

____

Das hat mir am wenigsten gut gefallen:

____

____

____

____

____

Platz für Zeichnungen / Fotos:

Datum: _______________________   Ort: _______________________

Tagebuch:

____
____
____
____
____
____
____
____
____
____
____

Stimmung:

□ ♥

□ ♥ ♥

□ ♥ ♥ ♥

□ ♥ ♥ ♥ ♥

□ ♥ ♥ ♥ ♥ ♥

Das hat mir am besten gefallen:

____
____
____
____
____

Das hat mir am wenigsten gut
gefallen:

____
____
____
____
____

Platz für Zeichnungen / Fotos:

Datum: __________________   Ort: __________________

Tagebuch:

____
____
____
____
____
____
____
____
____
____
____

Das hat mir am besten gefallen:

____
____
____
____
____

Das hat mir am wenigsten gut
gefallen:

____
____
____
____

Stimmung:

☐ ♥

☐ ♥ ♥

☐ ♥ ♥ ♥

☐ ♥ ♥ ♥ ♥

☐ ♥ ♥ ♥ ♥ ♥

Platz für Zeichnungen / Fotos:

Datum: _________________________   Ort: _________________________

Tagebuch:

____
____
____
____
____
____
____
____
____
____

Stimmung:

☐ ♥

☐ ♥ ♥

☐ ♥ ♥ ♥

☐ ♥ ♥ ♥ ♥

☐ ♥ ♥ ♥ ♥ ♥

Platz für Zeichnungen / Fotos:

Das hat mir am besten gefallen:

____
____
____
____
____

Das hat mir am wenigsten gut gefallen:

____
____
____
____

Datum: ___________________   Ort: ___________________

Tagebuch:

____

____

____

____

____

____

____

____

____

____

Stimmung:

☐ ♥

☐ ♥ ♥

☐ ♥ ♥ ♥

☐ ♥ ♥ ♥ ♥

☐ ♥ ♥ ♥ ♥ ♥

Das hat mir am besten gefallen:

____

____

____

____

____

Das hat mir am wenigsten gut
gefallen:

____

____

____

____

Platz für Zeichnungen / Fotos:

Datum: _______________________   Ort: _______________________

Tagebuch:

____

____

____

____

____

____

____

____

____

____

Das hat mir am besten gefallen:

____

____

____

____

____

Das hat mir am wenigsten gut
gefallen:

____

____

____

____

Stimmung:

☐ ♥

☐ ♥ ♥

☐ ♥ ♥ ♥

☐ ♥ ♥ ♥ ♥

☐ ♥ ♥ ♥ ♥ ♥

Platz für Zeichnungen / Fotos:

Datum: _______________   Ort: _______________

Tagebuch:

____
____
____
____
____
____
____
____
____
____
____

Stimmung:

☐ ♥
☐ ♥ ♥
☐ ♥ ♥ ♥
☐ ♥ ♥ ♥ ♥
☐ ♥ ♥ ♥ ♥ ♥

Das hat mir am besten gefallen:

____
____
____
____
____

Das hat mir am wenigsten gut
gefallen:

____
____
____
____
____

Platz für Zeichnungen / Fotos:

Datum: ___________________   Ort: ___________________

Tagebuch:

____

____

____

____

____

____

____

____

____

____

Stimmung:

☐ ♥

☐ ♥ ♥

☐ ♥ ♥ ♥

☐ ♥ ♥ ♥ ♥

☐ ♥ ♥ ♥ ♥ ♥

Platz für Zeichnungen / Fotos:

Das hat mir am besten gefallen:

____

____

____

____

____

Das hat mir am wenigsten gut
gefallen:

____

____

____

____

____

Datum: _______________   Ort: _______________

Tagebuch:

____

____

____

____

____

____

____

____

____

Stimmung:

❑ ♥

❑ ♥ ♥

❑ ♥ ♥ ♥

❑ ♥ ♥ ♥ ♥

❑ ♥ ♥ ♥ ♥ ♥

Platz für Zeichnungen / Fotos:

Das hat mir am besten gefallen:

____

____

____

____

____

Das hat mir am wenigsten gut
gefallen:

____

____

____

____

Datum: ______________________   Ort: ______________________

Tagebuch:

____
____
____
____
____
____
____
____
____

Das hat mir am besten gefallen:

____
____
____
____
____

Das hat mir am wenigsten gut
gefallen:

____
____
____
____
____

Stimmung:

☐ ♥
☐ ♥ ♥
☐ ♥ ♥ ♥
☐ ♥ ♥ ♥ ♥
☐ ♥ ♥ ♥ ♥ ♥

Platz für Zeichnungen / Fotos:

Datum: _________________________

Ort: _________________________

Tagebuch:

____
____
____
____
____
____
____
____
____
____
____

Stimmung:

☐ ♥
☐ ♥ ♥
☐ ♥ ♥ ♥
☐ ♥ ♥ ♥ ♥
☐ ♥ ♥ ♥ ♥ ♥

Das hat mir am besten gefallen:

____
____
____
____
____

Das hat mir am wenigsten gut gefallen:

____
____
____
____
____

Platz für Zeichnungen / Fotos:

Nur Reisen
verwandelt das Spieß-
bürgerliche und Kleinstäd-
tische in unserer Brust in
etwas Weltbürgerliches und
Großstädtisches.

Jean Paul

Datum: _______________   Ort: _______________

Tagebuch:

____
____
____
____
____
____
____
____
____

Stimmung:

☐ ♥

☐ ♥ ♥

☐ ♥ ♥ ♥

☐ ♥ ♥ ♥ ♥

☐ ♥ ♥ ♥ ♥ ♥

Das hat mir am besten gefallen:

____
____
____
____
____

Das hat mir am wenigsten gut gefallen:

____
____
____
____

Platz für Zeichnungen / Fotos:

Datum: _______________   Ort: _______________

Tagebuch:

____
____
____
____
____
____
____
____
____
____

Stimmung:

☐ ♥
☐ ♥ ♥
☐ ♥ ♥ ♥
☐ ♥ ♥ ♥ ♥
☐ ♥ ♥ ♥ ♥ ♥

Das hat mir am besten gefallen:

____
____
____
____

Platz für Zeichnungen / Fotos:

Das hat mir am wenigsten gut
gefallen:

____
____
____
____

Datum: ______________________   Ort: ______________________

Tagebuch:

____
____
____
____
____
____
____
____
____
____

Das hat mir am besten gefallen:

____
____
____
____
____

Das hat mir am wenigsten gut
gefallen:

____
____
____
____

Stimmung:

☐ ♥
☐ ♥ ♥
☐ ♥ ♥ ♥
☐ ♥ ♥ ♥ ♥
☐ ♥ ♥ ♥ ♥ ♥

Platz für Zeichnungen / Fotos:

Datum: _________________________   Ort: _________________________

Tagebuch:
____
____
____
____
____
____
____
____
____
____
____

Stimmung:

☐ ♥

☐ ♥ ♥

☐ ♥ ♥ ♥

☐ ♥ ♥ ♥ ♥

☐ ♥ ♥ ♥ ♥ ♥

Das hat mir am besten gefallen:
____
____
____
____
____

Das hat mir am wenigsten gut
gefallen:
____
____
____
____
____

Platz für Zeichnungen / Fotos:

Datum: _________________________ Ort: _________________________

Tagebuch:
____
____
____
____
____
____
____
____
____
____
____

Stimmung:

❑ ♥
❑ ♥ ♥
❑ ♥ ♥ ♥
❑ ♥ ♥ ♥ ♥
❑ ♥ ♥ ♥ ♥ ♥

Platz für Zeichnungen / Fotos:

Das hat mir am besten gefallen:
____
____
____
____
____

Das hat mir am wenigsten gut gefallen:
____
____
____
____

Datum: _______________________   Ort: _______________________

Tagebuch:

____

____

____

____

____

____

____

____

____

____

Stimmung:

☐ ♥

☐ ♥ ♥

☐ ♥ ♥ ♥

☐ ♥ ♥ ♥ ♥

☐ ♥ ♥ ♥ ♥ ♥

Das hat mir am besten gefallen:

____

____

____

____

____

Das hat mir am wenigsten gut gefallen:

____

____

____

____

Platz für Zeichnungen / Fotos:

Datum: _______________   Ort: _______________

Tagebuch:

____
____
____
____
____
____
____
____
____
____

Das hat mir am besten gefallen:

____
____
____
____
____

Das hat mir am wenigsten gut
gefallen:

____
____
____
____

Stimmung:

☐ ♥
☐ ♥ ♥
☐ ♥ ♥ ♥
☐ ♥ ♥ ♥ ♥
☐ ♥ ♥ ♥ ♥ ♥

Platz für Zeichnungen / Fotos:

Datum: ___________________   Ort: ___________________

Tagebuch:

____

____

____

____

____

____

____

____

____

____

Stimmung:

☐ ♥

☐ ♥ ♥

☐ ♥ ♥ ♥

☐ ♥ ♥ ♥ ♥

☐ ♥ ♥ ♥ ♥ ♥

Das hat mir am besten gefallen:

____

____

____

____

____

Das hat mir am wenigsten gut gefallen:

____

____

____

____

Platz für Zeichnungen / Fotos:

Datum: _______________________   Ort: _______________________

Tagebuch:

____

____

____

____

____

____

____

____

____

____

Stimmung:

☐ ♥

☐ ♥ ♥

☐ ♥ ♥ ♥

☐ ♥ ♥ ♥ ♥

☐ ♥ ♥ ♥ ♥ ♥

Das hat mir am besten gefallen:

____

____

____

____

____

Das hat mir am wenigsten gut gefallen:

____

____

____

____

____

Platz für Zeichnungen / Fotos:

Datum: _______________   Ort: _______________

Tagebuch:

____
____
____
____
____
____
____
____
____
____
____

Das hat mir am besten gefallen:

____
____
____
____
____

Das hat mir am wenigsten gut
gefallen:

____
____
____
____
____

Stimmung:

☐ ♥
☐ ♥ ♥
☐ ♥ ♥ ♥
☐ ♥ ♥ ♥ ♥
☐ ♥ ♥ ♥ ♥ ♥

Platz für Zeichnungen / Fotos:

Datum: _______________   Ort: _______________

Tagebuch:

____
____
____
____
____
____
____
____
____
____
____

Stimmung:

☐ ♥
☐ ♥ ♥
☐ ♥ ♥ ♥
☐ ♥ ♥ ♥ ♥
☐ ♥ ♥ ♥ ♥ ♥

Das hat mir am besten gefallen:

____
____
____
____
____

Das hat mir am wenigsten gut
gefallen:

____
____
____
____
____

Platz für Zeichnungen / Fotos:

Datum: _________________________   Ort: _________________________

Tagebuch:

____
____
____
____
____
____
____
____
____
____
____

Stimmung:

☐ ♥

☐ ♥ ♥

☐ ♥ ♥ ♥

☐ ♥ ♥ ♥ ♥

☐ ♥ ♥ ♥ ♥ ♥

Das hat mir am besten gefallen:

____
____
____
____
____

Das hat mir am wenigsten gut gefallen:

____
____
____
____
____

Platz für Zeichnungen / Fotos:

Wer reisen will,
muß zunächst Liebe
zu Land und Leuten
mitbringen.

Theodor Fontane

Datum: _______________   Ort: _______________

Tagebuch:

____
____
____
____
____
____
____
____
____
____
____

Das hat mir am besten gefallen:

____
____
____
____
____

Das hat mir am wenigsten gut
gefallen:

____
____
____
____

Stimmung:

☐ ♥
☐ ♥ ♥
☐ ♥ ♥ ♥
☐ ♥ ♥ ♥ ♥
☐ ♥ ♥ ♥ ♥ ♥

Platz für Zeichnungen / Fotos:

Datum: _______________

Ort: _______________

Tagebuch:

____
____
____
____
____
____
____
____
____
____

Stimmung:

☐ ♥

☐ ♥ ♥

☐ ♥ ♥ ♥

☐ ♥ ♥ ♥ ♥

☐ ♥ ♥ ♥ ♥ ♥

Das hat mir am besten gefallen:

____
____
____
____
____

Das hat mir am wenigsten gut gefallen:

____
____
____
____
____

Platz für Zeichnungen / Fotos:

Datum: _______________________   Ort: _______________________

Tagebuch:

____
____
____
____
____
____
____
____
____
____
____

Das hat mir am besten gefallen:

____
____
____
____
____

Das hat mir am wenigsten gut
gefallen:

____
____
____
____

Stimmung:

☐ ♥
☐ ♥ ♥
☐ ♥ ♥ ♥
☐ ♥ ♥ ♥ ♥
☐ ♥ ♥ ♥ ♥ ♥

Platz für Zeichnungen / Fotos:

Datum: _________________ Ort: _________________

Tagebuch:

____
____
____
____
____
____
____
____
____
____
____

Stimmung:

☐ ♥

☐ ♥ ♥

☐ ♥ ♥ ♥

☐ ♥ ♥ ♥ ♥

☐ ♥ ♥ ♥ ♥ ♥

Das hat mir am besten gefallen:

____
____
____
____
____

Das hat mir am wenigsten gut gefallen:

____
____
____
____
____

Platz für Zeichnungen / Fotos:

Datum: _______________   Ort: _______________

Tagebuch:

____
____
____
____
____
____
____
____
____
____
____

Stimmung:

❑ ♥
❑ ♥ ♥
❑ ♥ ♥ ♥
❑ ♥ ♥ ♥ ♥
❑ ♥ ♥ ♥ ♥ ♥

Platz für Zeichnungen / Fotos:

Das hat mir am besten gefallen:

____
____
____
____
____
____

Das hat mir am wenigsten gut gefallen:

____
____
____
____
____

Datum: ________________________   Ort: ________________________

Tagebuch:

____
____
____
____
____
____
____
____
____
____

Das hat mir am besten gefallen:

____
____
____
____
____

Das hat mir am wenigsten gut
gefallen:

____
____
____
____
____

Stimmung:

☐ ♥
☐ ♥ ♥
☐ ♥ ♥ ♥
☐ ♥ ♥ ♥ ♥
☐ ♥ ♥ ♥ ♥ ♥

Platz für Zeichnungen / Fotos:

Datum: _______________________

Ort: _______________________

Tagebuch:

____
____
____
____
____
____
____
____
____
____

Stimmung:

☐ ♥

☐ ♥ ♥

☐ ♥ ♥ ♥

☐ ♥ ♥ ♥ ♥

☐ ♥ ♥ ♥ ♥ ♥

Das hat mir am besten gefallen:

____
____
____
____
____
____

Das hat mir am wenigsten gut gefallen:

____
____
____
____
____

Platz für Zeichnungen / Fotos:

Datum: _______________   Ort: _______________

Tagebuch:

____
____
____
____
____
____
____
____
____
____
____

Stimmung:

☐ ♥
☐ ♥ ♥
☐ ♥ ♥ ♥
☐ ♥ ♥ ♥ ♥
☐ ♥ ♥ ♥ ♥ ♥

Das hat mir am besten gefallen:

____
____
____
____
____

Das hat mir am wenigsten gut gefallen:

____
____
____
____
____

Platz für Zeichnungen / Fotos:

Datum: _________________   Ort: _________________

Tagebuch:

____
____
____
____
____
____
____
____
____
____

Das hat mir am besten gefallen:

____
____
____
____
____
____

Das hat mir am wenigsten gut
gefallen:

____
____
____
____
____

Stimmung:

☐ ♥

☐ ♥ ♥

☐ ♥ ♥ ♥

☐ ♥ ♥ ♥ ♥

☐ ♥ ♥ ♥ ♥ ♥

Platz für Zeichnungen / Fotos:

Datum: _________________   Ort: _________________

Tagebuch:

____
____
____
____
____
____
____
____
____
____
____

Stimmung:

☐ ♥
☐ ♥ ♥
☐ ♥ ♥ ♥
☐ ♥ ♥ ♥ ♥
☐ ♥ ♥ ♥ ♥ ♥

Das hat mir am besten gefallen:

____
____
____
____
____
____

Das hat mir am wenigsten gut
gefallen:

____
____
____
____
____

Platz für Zeichnungen / Fotos:

Datum: ______________________

Ort: ______________________

Tagebuch:

____
____
____
____
____
____
____
____
____
____

Stimmung:

☐ ♥

☐ ♥ ♥

☐ ♥ ♥ ♥

☐ ♥ ♥ ♥ ♥

☐ ♥ ♥ ♥ ♥ ♥

Das hat mir am besten gefallen:

____
____
____
____

Das hat mir am wenigsten gut gefallen:

____
____
____
____

Platz für Zeichnungen / Fotos:

Datum: _______________   Ort: _______________

Tagebuch:

____
____
____
____
____
____
____
____
____
____

Stimmung:

☐ ♥
☐ ♥ ♥
☐ ♥ ♥ ♥
☐ ♥ ♥ ♥ ♥
☐ ♥ ♥ ♥ ♥ ♥

Platz für Zeichnungen / Fotos:

Das hat mir am besten gefallen:

____
____
____
____
____

Das hat mir am wenigsten gut gefallen:

____
____
____
____

Am meisten über einen Menschen sagt nicht aus, wie er mit Freunden umgeht, sondern mit Fremden.

Unbekannt

Datum: _____________________   Ort: _____________________

Tagebuch:

____
____
____
____
____
____
____
____
____
____

Stimmung:

☐ ♥

☐ ♥ ♥

☐ ♥ ♥ ♥

☐ ♥ ♥ ♥ ♥

☐ ♥ ♥ ♥ ♥ ♥

Platz für Zeichnungen / Fotos:

Das hat mir am besten gefallen:

____
____
____
____
____

Das hat mir am wenigsten gut gefallen:

____
____
____
____

Datum: _______________   Ort: _______________

Tagebuch:

____
____
____
____
____
____
____
____
____
____

Stimmung:

☐ ♥
☐ ♥ ♥
☐ ♥ ♥ ♥
☐ ♥ ♥ ♥ ♥
☐ ♥ ♥ ♥ ♥ ♥

Das hat mir am besten gefallen:

____
____
____
____
____

Das hat mir am wenigsten gut gefallen:

____
____
____
____
____

Platz für Zeichnungen / Fotos:

Datum: ________________   Ort: ________________

Tagebuch:

____
____
____
____
____
____
____
____
____

Stimmung:

□ ♥
□ ♥ ♥
□ ♥ ♥ ♥
□ ♥ ♥ ♥ ♥
□ ♥ ♥ ♥ ♥ ♥

Das hat mir am besten gefallen:

____
____
____
____
____
____

Das hat mir am wenigsten gut gefallen:

____
____
____
____
____

Platz für Zeichnungen / Fotos:

Datum: _______________________   Ort: _______________________

Tagebuch:
____
____
____
____
____
____
____
____
____
____
____

Stimmung:

☐ ♥

☐ ♥ ♥

☐ ♥ ♥ ♥

☐ ♥ ♥ ♥ ♥

☐ ♥ ♥ ♥ ♥ ♥

Das hat mir am besten gefallen:
____
____
____
____
____

Das hat mir am wenigsten gut gefallen:
____
____
____
____
____

Platz für Zeichnungen / Fotos:

Datum: _______________   Ort: _______________

Tagebuch:

____
____
____
____
____
____
____
____
____
____
____

Stimmung:

☐ ♥
☐ ♥ ♥
☐ ♥ ♥ ♥
☐ ♥ ♥ ♥ ♥
☐ ♥ ♥ ♥ ♥ ♥

Platz für Zeichnungen / Fotos:

Das hat mir am besten gefallen:

____
____
____
____
____
____

Das hat mir am wenigsten gut gefallen:

____
____
____
____
____

Datum: __________________   Ort: __________________

Tagebuch:

____
____
____
____
____
____
____
____
____
____
____

Stimmung:

☐ ♥

☐ ♥ ♥

☐ ♥ ♥ ♥

☐ ♥ ♥ ♥ ♥

☐ ♥ ♥ ♥ ♥ ♥

Platz für Zeichnungen / Fotos:

Das hat mir am besten gefallen:

____
____
____
____
____

Das hat mir am wenigsten gut
gefallen:

____
____
____
____
____

Datum: _________________   Ort: _________________

Tagebuch:

____
____
____
____
____
____
____
____
____
____
____

Stimmung:

☐ ♥

☐ ♥ ♥

☐ ♥ ♥ ♥

☐ ♥ ♥ ♥ ♥

☐ ♥ ♥ ♥ ♥ ♥

Platz für Zeichnungen / Fotos:

Das hat mir am besten gefallen:

____
____
____
____
____

Das hat mir am wenigsten gut
gefallen:

____
____
____
____
____

Datum: ________________   Ort: ________________

Tagebuch:

____
____
____
____
____
____
____
____
____
____
____

Stimmung:

☐ ♥

☐ ♥ ♥

☐ ♥ ♥ ♥

☐ ♥ ♥ ♥ ♥

☐ ♥ ♥ ♥ ♥ ♥

Das hat mir am besten gefallen:

____
____
____
____
____

Das hat mir am wenigsten gut gefallen:

____
____
____
____
____

Platz für Zeichnungen / Fotos:

Datum: _______________________   Ort: _______________________

Tagebuch:

____

____

____

____

____

____

____

____

____

____

____

Stimmung:

☐ ♥

☐ ♥ ♥

☐ ♥ ♥ ♥

☐ ♥ ♥ ♥ ♥

☐ ♥ ♥ ♥ ♥ ♥

Das hat mir am besten gefallen:

____

____

____

____

____

Das hat mir am wenigsten gut gefallen:

____

____

____

____

____

Platz für Zeichnungen / Fotos:

Datum: ______________________   Ort: ______________________

Tagebuch:

____

____

____

____

____

____

____

____

____

Stimmung:

☐ ♥

☐ ♥ ♥

☐ ♥ ♥ ♥

☐ ♥ ♥ ♥ ♥

☐ ♥ ♥ ♥ ♥ ♥

Das hat mir am besten gefallen:

____

____

____

____

____

Das hat mir am wenigsten gut
gefallen:

____

____

____

____

Platz für Zeichnungen / Fotos:

Datum: _______________   Ort: _______________

Tagebuch:

____
____
____
____
____
____
____
____
____
____

Stimmung:

☐ ♥

☐ ♥ ♥

☐ ♥ ♥ ♥

☐ ♥ ♥ ♥ ♥

☐ ♥ ♥ ♥ ♥ ♥

Das hat mir am besten gefallen:

____
____
____
____
____

Platz für Zeichnungen / Fotos:

Das hat mir am wenigsten gut gefallen:

____
____
____
____
____

Datum: _______________________   Ort: _______________________

Tagebuch:

____

____

____

____

____

____

____

____

____

____

Stimmung:

☐ ♥

☐ ♥ ♥

☐ ♥ ♥ ♥

☐ ♥ ♥ ♥ ♥

☐ ♥ ♥ ♥ ♥ ♥

Platz für Zeichnungen / Fotos:

Das hat mir am besten gefallen:

____

____

____

____

____

Das hat mir am wenigsten gut gefallen:

____

____

____

____

____

Übrigens: Mancher fährt nur deshalb ins Ausland, um sich darüber zu ärgern, daß es dort nicht so ist wie zu Hause.

Kalenderspruch

Datum: _____________________   Ort: _____________________

Tagebuch:

____
____
____
____
____
____
____
____
____
____

Stimmung:

☐ ♥

☐ ♥ ♥

☐ ♥ ♥ ♥

☐ ♥ ♥ ♥ ♥

☐ ♥ ♥ ♥ ♥ ♥

Platz für Zeichnungen / Fotos:

Das hat mir am besten gefallen:

____
____
____
____
____

Das hat mir am wenigsten gut gefallen:

____
____
____
____

Datum: _______________   Ort: _______________

Tagebuch:

____
____
____
____
____
____
____
____
____
____

Stimmung:

☐ ♥
☐ ♥ ♥
☐ ♥ ♥ ♥
☐ ♥ ♥ ♥ ♥
☐ ♥ ♥ ♥ ♥ ♥

Platz für Zeichnungen / Fotos:

Das hat mir am besten gefallen:

____
____
____
____
____
____

Das hat mir am wenigsten gut gefallen:

____
____
____
____
____

Datum: _________________   Ort: _________________

Tagebuch:

____
____
____
____
____
____
____
____
____
____

Stimmung:

☐ ♥
☐ ♥ ♥
☐ ♥ ♥ ♥
☐ ♥ ♥ ♥ ♥
☐ ♥ ♥ ♥ ♥ ♥

Das hat mir am besten gefallen:

____
____
____
____
____

Das hat mir am wenigsten gut gefallen:

____
____
____
____

Platz für Zeichnungen / Fotos:

Datum: _________________   Ort: _________________

Tagebuch:

____
____
____
____
____
____
____
____
____
____
____

Stimmung:

☐ ♥
☐ ♥ ♥
☐ ♥ ♥ ♥
☐ ♥ ♥ ♥ ♥
☐ ♥ ♥ ♥ ♥ ♥

Platz für Zeichnungen / Fotos:

Das hat mir am besten gefallen:

____
____
____
____
____

Das hat mir am wenigsten gut gefallen:

____
____
____
____
____

Datum: _______________ Ort: _______________

Tagebuch:

____

____

____

____

____

____

____

____

____

Stimmung:

☐ ♥

☐ ♥ ♥

☐ ♥ ♥ ♥

☐ ♥ ♥ ♥ ♥

☐ ♥ ♥ ♥ ♥ ♥

Platz für Zeichnungen / Fotos:

Das hat mir am besten gefallen:

____

____

____

____

____

Das hat mir am wenigsten gut gefallen:

____

____

____

____

Datum: _________________   Ort: _________________

Tagebuch:

____
____
____
____
____
____
____
____
____
____
____
____

Stimmung:

☐ ♥
☐ ♥ ♥
☐ ♥ ♥ ♥
☐ ♥ ♥ ♥ ♥
☐ ♥ ♥ ♥ ♥ ♥

Das hat mir am besten gefallen:

____
____
____
____
____
____

Das hat mir am wenigsten gut
gefallen:

____
____
____
____
____

Platz für Zeichnungen / Fotos:

Datum: _______________   Ort: _______________

Tagebuch:

____
____
____
____
____
____
____
____
____
____

Stimmung:

☐ ♥
☐ ♥ ♥
☐ ♥ ♥ ♥
☐ ♥ ♥ ♥ ♥
☐ ♥ ♥ ♥ ♥ ♥

Platz für Zeichnungen / Fotos:

Das hat mir am besten gefallen:

____
____
____
____
____

Das hat mir am wenigsten gut gefallen:

____
____
____
____
____

Datum: _______________

Ort: _______________

Tagebuch:

____
____
____
____
____
____
____
____
____
____
____

Stimmung:

☐ ♥

☐ ♥ ♥

☐ ♥ ♥ ♥

☐ ♥ ♥ ♥ ♥

☐ ♥ ♥ ♥ ♥ ♥

Platz für Zeichnungen / Fotos:

Das hat mir am besten gefallen:

____
____
____
____
____

Das hat mir am wenigsten gut gefallen:

____
____
____
____
____

Datum: _________________________   Ort: _________________________

Tagebuch:

____

____

____

____

____

____

____

____

____

____

Stimmung:

☐ ♥

☐ ♥ ♥

☐ ♥ ♥ ♥

☐ ♥ ♥ ♥ ♥

☐ ♥ ♥ ♥ ♥ ♥

Platz für Zeichnungen / Fotos:

Das hat mir am besten gefallen:

____

____

____

____

____

Das hat mir am wenigsten gut gefallen:

____

____

____

____

Datum: _______________________   Ort: _______________________

Tagebuch:

____
____
____
____
____
____
____
____
____
____
____

Stimmung:

☐ ♥
☐ ♥ ♥
☐ ♥ ♥ ♥
☐ ♥ ♥ ♥ ♥
☐ ♥ ♥ ♥ ♥ ♥

Platz für Zeichnungen / Fotos:

Das hat mir am besten gefallen:

____
____
____
____
____
____

Das hat mir am wenigsten gut
gefallen:

____
____
____
____
____
____

Datum: _________________   Ort: _________________

Tagebuch:

____
____
____
____
____
____
____
____
____
____

Das hat mir am besten gefallen:

____
____
____
____
____

Das hat mir am wenigsten gut
gefallen:

____
____
____
____
____

Stimmung:

☐ ♥
☐ ♥ ♥
☐ ♥ ♥ ♥
☐ ♥ ♥ ♥ ♥
☐ ♥ ♥ ♥ ♥ ♥

Platz für Zeichnungen / Fotos:

Datum: ___________________ Ort: ___________________

Tagebuch:

____
____
____
____
____
____
____
____
____
____
____

Das hat mir am besten gefallen:

____
____
____
____
____

Das hat mir am wenigsten gut gefallen:

____
____
____
____

Stimmung:

☐ ♥
☐ ♥ ♥
☐ ♥ ♥ ♥
☐ ♥ ♥ ♥ ♥
☐ ♥ ♥ ♥ ♥ ♥

Platz für Zeichnungen / Fotos:

Die Götter haben die Erde für alle gemacht,
damit die Menschen sie miteinander teilen. Dann
jedoch kamen die Könige mit ihren Kronen und stäh-
lernen Schwertern und haben alles für sich beansprucht.
„Meine Bäume", haben sie gesagt, „ihr dürft die Äpfel nicht
essen. Mein Bach, ihr dürft hier nicht fischen. Mein Wald, ihr
dürft hier nicht jagen. Meine Erde, mein Wasser, meine Burg,
meine Tochter, lasst die Finger davon, oder ich schlage euch die
Hände ab, aber vielleicht, wenn ihr die Knie vor mir beugt, lasse
ich euch ein wenig daran schnuppern." Ihr nennt uns Diebe,
aber ein Dieb muss immerhin mutig und klug und schnell
sein. Einer, der kniet, braucht bloß zu knien.

George R. R. Martin

Hotelname:_______________

Ort: _______________

Datum: _______________

Nächte: _______________

Bewertung:

□ ♥

□ ♥ ♥

□ ♥ ♥ ♥

□ ♥ ♥ ♥ ♥

□ ♥ ♥ ♥ ♥ ♥

Positiv:

____
____
____
____
____
____

Negativ:

____
____
____
____
____

Fazit:

____
____

Hotelname:_______________

Ort: _______________

Datum: _______________

Nächte: _______________

Bewertung:

□ ♥

□ ♥ ♥

□ ♥ ♥ ♥

□ ♥ ♥ ♥ ♥

□ ♥ ♥ ♥ ♥ ♥

Positiv:

____
____
____
____
____
____

Negativ:

____
____
____
____
____

Fazit:

____
____

Hotelname:

Ort:

Datum:

Nächte:

Bewertung:

☐ ♥

☐ ♥ ♥

☐ ♥ ♥ ♥

☐ ♥ ♥ ♥ ♥

☐ ♥ ♥ ♥ ♥ ♥

Positiv:

____
____
____
____
____
____

Negativ:

____
____
____
____
____

Fazit:

____
____

Hotelname:

Ort:

Datum:

Nächte:

Bewertung:

☐ ♥

☐ ♥ ♥

☐ ♥ ♥ ♥

☐ ♥ ♥ ♥ ♥

☐ ♥ ♥ ♥ ♥ ♥

Positiv:

____
____
____
____
____
____

Negativ:

____
____
____
____
____

Fazit:

____
____

Hotelname: _______________

Ort: _______________

Datum: _______________

Nächte: _______________

Bewertung:

☐ ♥

☐ ♥ ♥

☐ ♥ ♥ ♥

☐ ♥ ♥ ♥ ♥

☐ ♥ ♥ ♥ ♥ ♥

Positiv:

____
____
____
____
____
____

Negativ:

____
____
____
____
____

Fazit:

____
____

Hotelname: _______________

Ort: _______________

Datum: _______________

Nächte: _______________

Bewertung:

☐ ♥

☐ ♥ ♥

☐ ♥ ♥ ♥

☐ ♥ ♥ ♥ ♥

☐ ♥ ♥ ♥ ♥ ♥

Positiv:

____
____
____
____
____
____

Negativ:

____
____
____
____
____

Fazit:

____
____

Hotelname:______________   Hotelname:______________

Ort: ______________   Ort: ______________

Datum: ______________   Datum: ______________

Nächte: ______________   Nächte: ______________

Bewertung: Bewertung:

☐ ♥   ☐ ♥

☐ ♥ ♥   ☐ ♥ ♥

☐ ♥ ♥ ♥   ☐ ♥ ♥ ♥

☐ ♥ ♥ ♥ ♥   ☐ ♥ ♥ ♥ ♥

☐ ♥ ♥ ♥ ♥ ♥   ☐ ♥ ♥ ♥ ♥ ♥

Positiv: Positiv:

______________   ______________
______________   ______________
______________   ______________
______________   ______________
______________   ______________
______________   ______________

Negativ: Negativ:

______________   ______________
______________   ______________
______________   ______________
______________   ______________
______________   ______________

Fazit: Fazit:

______________   ______________

______________   ______________

Hotelname: ___________	Hotelname: ___________
Ort: ___________	Ort: ___________
Datum: ___________	Datum: ___________
Nächte: ___________	Nächte: ___________

Bewertung:

☐ ♥
☐ ♥ ♥
☐ ♥ ♥ ♥
☐ ♥ ♥ ♥ ♥
☐ ♥ ♥ ♥ ♥ ♥

Positiv:

____
____
____
____
____
____

Negativ:

____
____
____
____
____

Fazit:

____
____

Bewertung:

☐ ♥
☐ ♥ ♥
☐ ♥ ♥ ♥
☐ ♥ ♥ ♥ ♥
☐ ♥ ♥ ♥ ♥ ♥

Positiv:

____
____
____
____
____
____

Negativ:

____
____
____
____
____

Fazit:

____
____

Hotelname:______________

Ort: ______________

Datum: ______________

Nächte: ______________

Bewertung:

☐ ♥

☐ ♥ ♥

☐ ♥ ♥ ♥

☐ ♥ ♥ ♥ ♥

☐ ♥ ♥ ♥ ♥ ♥

Positiv:

____
____
____
____
____
____

Negativ:

____
____
____
____
____

Fazit:

____
____

Hotelname: _______________

Ort: _______________

Datum: _______________

Nächte: _______________

Bewertung:

☐ ♥

☐ ♥ ♥

☐ ♥ ♥ ♥

☐ ♥ ♥ ♥ ♥

☐ ♥ ♥ ♥ ♥ ♥

Positiv:

____
____
____
____
____
____

Negativ:

____
____
____
____
____

Fazit:

____
____

Hotelname: _______________

Ort: _______________

Datum: _______________

Nächte: _______________

Bewertung:

☐ ♥

☐ ♥ ♥

☐ ♥ ♥ ♥

☐ ♥ ♥ ♥ ♥

☐ ♥ ♥ ♥ ♥ ♥

Positiv:

____
____
____
____
____
____

Negativ:

____
____
____
____
____

Fazit:

____
____

Postkarten-Adressen:

Postkarten-Adressen:

Postkarten-Adressen:

Postkarten-Adressen:

Freunde auf der ganzen Welt:

Freunde auf der ganzen Welt:

Freunde auf der ganzen Welt:

Freunde auf der ganzen Welt:

Die besten Hotel-Adressen:

Die besten Hotel-Adressen:

Die besten Hotel-Adressen:

Die besten Hotel-Adressen:

Notizen:

Notizen:

Notizen:

Notizen:

Notizen:

Notizen:

Herstellung und Verlag:
BoD - Books on Demand, Norderstedt
ISBN 978-3-7431-9341-3

FSC
www.fsc.org
MIX
Papier aus ver-
antwortungsvollen
Quellen
Paper from
responsible sources
FSC® C105338